藏品有话说

故宫博物院 编

中国妇女出版社

图书在版编目（CIP）数据

藏品有话说 / 故宫博物院编. -- 北京 ：中国妇女出版社，2022.6
ISBN 978-7-5127-2124-1

Ⅰ.①藏… Ⅱ.①故… Ⅲ.①博物馆－藏品－介绍－北京 Ⅳ.①G269.271

中国版本图书馆CIP数据核字（2022）第062729号

选题策划：贾世炜
责任编辑：门 莹 张 宇
封面设计：MM末末美书 QQ:3218619296
责任印制：李志国

出版发行：中国妇女出版社
地　　址：北京市东城区史家胡同甲24号　　邮政编码：100010
电　　话：（010）65133160（发行部）　　65133161（邮购）
邮　　箱：zgfncbs@womenbooks.cn
法律顾问：北京市道可特律师事务所
经　　销：各地新华书店
印　　刷：北京中科印刷有限公司

开　　本：165mm×235mm　1/16
印　　张：18
字　　数：260千字
版　　次：2022年6月第1版　　2022年6月第1次印刷
定　　价：78.00元

《藏品有话说》编辑委员会

（按姓氏拼音排序）

序言

PREFACE

中国共产党成立100周年之际，故宫博物院与北京市文物局、北京博物馆学会，联合新华网共同策划推出了百集音频节目《藏品有话说》，引领公众聆听红色故事，重温红色记忆，为建党100周年献上一场富有首都特色的文化盛宴。

《藏品有话说》从2021年年初开始筹备，于5月18日国际博物馆日正式上线，12月1日圆满收官。历时278天，集聚62家博物馆、纪念馆、美术馆、科技馆，通过100件藏品，向公众讲述了自中国近代以来，中华儿女救亡图存、奋勇抗敌、锐意进取、不懈奋斗的光辉历程，深入挖掘了党的成立、发展与中国文博事业之间的联系，彰显了百年以来中国共产党团结带领中国人民开辟的伟大道路、创造的伟大事业、取得的伟大成就。

文化的力量，春风化雨、润物无声。广大文博工作者承担着推动中华优秀传统文化创造性转化、创新性发展的重要使命，向世界讲好中国故事，传播好中国声音，促进人类文明交流互鉴，也是我们义不容辞的责任。《藏品有话说》节目正是文博人深入挖掘博物馆文化资源，在中华优秀文化传承发展方面取得的重要成果。100期节目，为我们展现出中华儿女团结奋斗的壮志雄心和无畏气概。自节目上线以来，通过在新华网客户端、“学习强国”、喜马拉雅等平台发布，总浏览量超1.24亿人次；在新浪微博开设“藏品有话说”话题，浏览量超1500万人次；各博物馆官网、官微、自媒体平台也纷纷转发。通过《藏品有话说》节目，许多过去不为大众所知的文物藏品被挖掘出来，更多展现人民奋发图强、振奋民族精神、弘扬核心价值观的藏品故事因此广为传播。

近年来，北京市提出建设“博物馆之城”战略规划，并与国家文物局签署了战略合作协议，推动北京地区博物馆向更高层次、更接地气双向发展。故宫博物院也按照“十四五”规划，坚持高质量发展，着力深化改革创新，努力建成国际一流博物馆，成为世界文化遗产保护的典范、文化和旅游融合的引领者、文明交流互鉴的中华文化会客厅。《藏品有话说》正是故宫博物院与北京文博同仁打造出的文化创新典范，也是为推动社会主义文化繁荣发展、建设社会主义文化强国作出的新贡献，为实现伟大复兴的中国梦凝聚起的文化力量。我们将节目成果结集出版，是希望通过这种方式，让更多公众了解博物馆，走进博物馆，感悟中华民族几千年积淀而成的文化史诗。

藏品无言，党史有“声”，百年恰是风华正茂！本书收录了《藏品有话说》100期节目的内容（按音频播出顺序），并附有相关博物馆介绍。衷心希望大家不仅增进对一件件红色文物、一座座革命旧址、一个个历史故事的了解，而且能深刻感受其所承载的理想信念。

期待文博人继续携手，为传承、弘扬中华优秀传统文化和实现中华民族伟大复兴的中国梦而不懈努力！

故宫博物院党委书记、副院长

郝海江

2022年4月

目录

CONTENTS

01

从枯木到名琴

——“残雷”琴背后的“剑胆琴心”

故宫博物院　孙晓晔

古琴，是我国历史最悠久的乐器之一。在古代汉语中，“琴”这个字曾专指古琴。抚琴是中国古代文人寄思抒情的方式之一，在古代文人“琴棋书画”四大修养中居于首位。

北京故宫博物院作为国内古琴收藏最为丰富的博物馆之一，现藏有古琴 88 张，时间纵贯唐、宋、元、明、清，形成了相对完整的时代序列。其中一张名为“残雷”的清代古琴，是 20 世纪 50 年代由社会人士捐赠的。作为古琴中入藏最晚的“小字辈”，“残雷”琴因其传奇的身世显得格外与众不同。

“残雷”琴

这张“残雷”琴通长约 120 厘米，宽不足 20 厘米，琴身两侧为对称的波浪纹造型，是古琴中经典的“落霞式”。琴体遍施黑色光漆，古朴典雅，琴背面龙池之上刻有楷书“残雷”二字并填以石绿。

那么，“残雷”二字从何而来呢？故事要从湖南浏阳谭家大院内的两棵百年梧桐树说起。1882 年夏天，这两棵梧桐树遭遇雷击，其中一棵遭雷劈后成为枯木。9 年后，谭家一位 26 岁的青年将雷霆之后崩残的梧桐枯木伐下，制成了两张古琴，并分别命名为“崩霆”和“残雷”。

这位谭家青年是谁呢？让我们继续从琴上寻找答案。

古琴背面“残雷”二字之下附有一首35字的小诗：“破天一声挥大斧，干断柯折皮骨腐。纵作良材遇已苦。遇已苦，呜咽哀鸣莽终古。谭嗣同作。”并配有红色“壮飞”二字的篆文印章，“壮飞”正是谭嗣同的字。此外，琴背中部控制共鸣的龙池内还刻有一行小字，内容大致是该琴为浏阳谭嗣同于光绪十六年（1890年）监制。这些信息都向我们表明，这张“残雷”琴的主人是维新变法的义士——谭嗣同。

谭嗣同为戊戌变法慷慨赴义的事迹广为人知。他自幼习武、一身侠义，奉文天祥的遗物“凤矩”剑为傍身至宝，又以琴声载君子之道，将琴作为修身之器，可谓文武兼修，曾有“剑胆琴心”的雅号。“残雷”琴正是他在维新变法岁月中寄情抒怀、以音传道的一件心爱之物。

1898年，维新变法运动正在中华大地掀起层层巨浪。6月11日，光绪皇帝颁布《定国是诏》。其时，谭嗣同在湖南倡导维新已久，因撰写维新派第一部哲学著作《仁学》、兴办时务学堂、成立南学会、创办《湘报》等壮举赢得三湘响应，民望甚高。于是，经帝师徐致靖推荐，他应诏进京，参与维新变法。在京期间，“残雷”琴常伴谭嗣同左右，随他广会知音、畅谈国事。当时，在京的维新志士们都曾聆听过谭嗣同抚琴，一时间，名士与名琴皆冠京华，逸闻帝都。

可惜，轰轰烈烈的维新变法只持续了百日便夭折。1898年9月21日，慈禧太后发动政变，囚禁光绪皇帝，捉拿维新派成员。谭嗣同得到消息后并未惊慌出走，而是置自己的安危于不顾，筹谋营救光绪皇帝；被捕后，他再度放弃了脱险机会，宁愿舍生取义，希望以自己的鲜血唤起大众救亡图存的精神。1898年9月28日，“戊戌六君子”慷慨就义。

在谭嗣同的故乡，他不畏牺牲的精神融入激越奋进的湖湘文化，感染了无数爱国救亡的热血青年，这其中就包括毛泽东。毛泽东在湖南师范的课堂上读到谭嗣同的《仁学》时，内心大为震动，于是撰写了一篇名为《心之力》的文章，得到老师杨昌济的高度赞许。文中，他对“心之力”和“冲决一切现象之网罗”发表了独到的见解，对谭嗣同的“剑胆琴心”

发出了遥远的应和。

谭嗣同“我自横刀向天笑，去留肝胆两昆仑”的精神渲染着中华民族的仁人志士不畏牺牲、追求真理的本色；那激昂奋进的琴音激励着一代又一代仁人志士前仆后继，在艰难曲折中不断探索。

如今，观琴思志士，可谓：舍生取义，牺牲精神常在；琴载大道，自强之音不绝。

故宫博物院

北京故宫博物院成立于1925年，是在明、清两代皇宫及其收藏的基础上建立起来的国家级大型综合性博物馆。1961年，被国务院列为第一批全国重点文物保护单位。1987年被联合国教科文组织列入《世界遗产名录》。2007年，北京故宫博物院被评为国家AAAAA级旅游景区。

北京故宫博物院占地100余万平方米，古建筑约9000间，是我国现存规模最大、保存最完整的古代宫殿建筑群。北京故宫博物院院藏文物体系完备，现有藏品186万余件（套），分25大类别，堪称艺术的宝库。北京故宫博物院通过明、清皇家宫殿建筑，宫廷史迹原状陈列，珍宝、钟表、书画、陶瓷、雕塑等艺术藏品专馆陈设以及专题展览等多种方式，向公众展现悠久灿烂的中华文明。

02

玑衡抚辰仪

——失而复得的宝贝

北京天文馆　齐锐　杨帆

行经北京东二环应该不难注意到，在建国门立交桥的西南角有一座特别的砖石结构古建筑，顶部平台上露天陈列着多件青铜器物。这里就是北京古观象台，台顶陈列的是八件古代天文仪器。

玑衡抚辰仪是其中特别的一件，它是我国古代建造的最后一件大型天文仪器，高约 3.4 米，重量超过 5 吨，可谓“巨大”。最上面的主体结构是按照中国古代传统天文仪器浑仪的原理设计建造的，由三层圆环组成，由外到内，分别叫作“六合仪”“三辰仪”和“四游环”，它们组合在一起用来测量天体的赤道坐标。

古观景台上的玑衡抚辰仪

玑衡抚辰仪不仅是一件精密的天文仪器，雕琢工艺也极其精致。圆环主体通过柱子与底座相连，从而实现重力支撑，保持稳定；两根柱子上雕刻有 10 条游龙踏云而上，造型惟妙惟肖，纤毫毕现，代表了清代高超的工艺水平和最高审美。玑衡抚辰仪建造于清乾隆年间，它的所在地是明清时期的皇家天文台。

乾隆九年（1744 年）十月，乾隆帝御驾观象台，看到台上已有的 7 件大型天文仪器都是按照西洋天文仪器的式样建造的，于是便要求钦天监按照中国传统的浑仪的样式结合西洋刻度，铸造一架新的仪器，由当时任职的钦天监德国传教士戴进贤和刘松龄领命设计监制。历经十年，新的仪器终于在 1754 年建成。这件仪器最初名为“三辰公晷仪”，所谓“三辰”，就是天体的赤道经度、纬度和真太阳时，是这件仪器主要的观测对象。

乾隆是一位很有“文艺范儿”的皇帝，他对新仪器的名字一直不太满意。于是，他便依据《尚书 · 舜典》中的一句“在璇玑玉衡，以齐七政”，将新仪器命名为“玑衡抚辰仪”。“玑衡”指日月星辰，而“抚辰”则浪漫地将观察星空比喻为抚摸漫天星辰，真可谓极富诗意。

玑衡抚辰仪从 1754 年至民国初期用来观天象，共使用了 174 年，见证了清代中西方天文学的交流与发展。但不幸的是，1900 年八国联军入侵北京时，玑衡抚辰仪被德国侵略者掠至波茨坦离宫，放在花园草坪上供人观赏，在异国的土地上“流浪”了 20 个风雨春秋。直到 1921 年，包括玑衡抚辰仪在内的 5 件古天文仪器才回到北京，并按照之前的布局，被重新安放在古观象台上。

让我们再来仔细看看这件失而复得的玑衡抚辰仪。在现存的清代 8 件大型天文仪器中，它的精度最高——它的刻度划分，在西方 360° 圆周划分习惯的基础上，以丹麦天文学家第谷的横向划分法进行划分。具体来说，就是在刻度环上刻出多个同心圆，然后纵向刻划多条平行斜线切割这些同心圆。同时，玑衡抚辰仪在用于观测的窥管前端圆孔中安装了十字叉丝，相当于增加了瞄准的准星。这些设计进一步提高了仪器的观测精度。

作为清制最后一件大型青铜天文仪器，玑衡抚辰仪是中国古代传统天文仪器与欧洲古典天文学成就相结合的产物，是科学与艺术的完美融合，在文物、科学技术史以及中西文化交流史等方面都具有很高的研究价值，堪称国宝。

2021 年是玑衡抚辰仪回归 100 周年。在这样的时间节点，让我们共同回顾玑衡抚辰仪的历史，相信每个人都能真切感受到它的历史磨难与时代巨变。

北京天文馆古观象台

北京天文馆于 1957 年建成开放，是中国第一座大型天文馆，现为国家一级博物馆。馆内共有 4 个剧场用于播放科普节目；常年举办天文展览、科普讲座、天文夏（冬）令营、全国中学生天文知识竞赛等活动。位于建国门的北京古观象台隶属于北京天文馆，是明、清两代的皇家天文台，现为全国重点文物保护单位。

03

无声的控诉

——藏在白塔寺塔顶的珍贵手书

北京市白塔寺管理处　康蕾

走在北京市阜成门内大街，你会看到一座古朴的白塔耸立在现代化街道的一旁，它便是妙应寺（俗称“白塔寺”）。这座白塔始建于元代初期，是忽必烈营建元大都的重要工程之一，曾是元大都城的显著标志，距今已有 700 多年历史，是北京地区唯一保存完整的元代文物遗存。古老的白塔无言地见证着历史的沧桑巨变，然而一次意外的发现，却使得白塔发出了无声的控诉。

1976 年 7 月 28 日，唐山大地震波及北京，白塔顶部受到一定程度的损坏。1978 年 9 月，在国家文物局、北京市文物管理处的组织下，市房修二公司古建队开始对白塔进行修缮。有一天，吴梦麟、赵迅、洪欣三位文物专家正在白塔上工作，大家突然发现在塔顶天盘边缘的一条夹缝中竟藏着一份手稿。除了这份手稿，还发现了一批文物。很快，这批文物的来历便得到了确认，原来它们是乾隆十八年（1753 年）皇帝大修白塔后装入塔的。相比之下，这份手稿则多了几分神秘色彩。

手稿长 26.5 厘米、宽 18.5 厘米，发现的时候因为年代久远，纸张已经微微泛黄，但字迹仍然清晰可辨。上面写道：

> 今年重修此塔，适值中日战争。六月二十九日，日军即占领北京。从此，战事风云弥漫全国，飞机大炮到处轰炸，生灵涂炭，莫此

为甚，枪杀奸掠，无所不至，兵民死难者不可胜计。数月之中，而日本竟占领华北数省，现战事仍在激烈之中，战事何时终了尚不能预料，国家兴亡，难以断定。登古塔追古忆今，而生感焉，略述数语，以告后人，作为永久纪念。“民国”二十六年十月初三日，罗德俊。

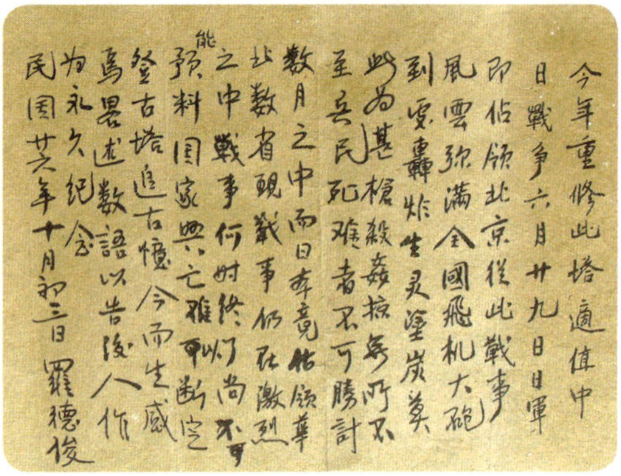
今年重修此塔適值中日戰爭六月廿九日日軍即佔領北京從此戰事風雲彌滿全國飛机大砲到處轟炸生灵塗炭莫此為甚槍殺姦掠無所不至兵民死难者不可勝計數月之中而日本竟能領華北數省現戰事仍在激烈之中戰事何時終了尚不能預料國家興亡难以斷定登古塔追古憶今而生感焉略述數語以告後人作為永久紀念民國廿六年十月初三日 羅德俊

罗德俊手稿

手稿的落款日期为“民国二十六年十月初三日”，也就是 1937 年 11 月 5 日，七七事变爆发的 4 个月后。全文虽仅有 148 个字，却满含着作者对家国命运的担忧。作者署名“罗德俊”。那么，罗德俊是谁？他与白塔寺又有什么样的关联呢？

根据资料记载，1937 年夏天，一支名为“永德建筑厂”的施工队开始修缮白塔寺，整个工程一直持续到年底。如今我们在白塔基座的西南角能够找到一块小碑刻，上面写着“中华民国二十六年旧都文物整理实施事务处重修于七月经始十二月竣工”，印证了修缮白塔寺的时间信息。由于此次施工从 1937 年 7 月持续到 12 月，所以能够于 11 月“登古塔追古忆今”的罗德俊，很可能是参与白塔寺修缮的文物保护工作者。

我们无法得知，在被战争阴云笼罩的北平城内，文物工作者们究竟是怎样冒着敌人的炮火，以生命为代价在保护和拯救中华民族的历史文化遗产。但是我们能够想象，当罗德俊站在白塔塔顶眺望整个北平城时，看到曾经恢宏繁华的古都在几个月内变得满目疮痍，他带着几许愤懑、几许屈辱、几许迷茫，写下了这只言片语，并将其藏入白塔中。这一藏，既是存史以告后人，也是寄情于希望——无论战争多么艰苦惨烈，中国不会亡！

罗德俊究竟是谁，至今没有人知道。但这份手稿、这百余字，字字珠巩，凝聚了一名普通中华儿女的拳拳赤子之心，写出了一名普通中国人“位卑未敢忘忧国”的浓浓爱国情怀。“国家兴亡，匹夫有责”，争取民族独立和人民自由幸福的斗争从来就不是一个人的事，而是每个人的事。幸运的是，这份弥足珍贵的手稿没有被历史的烟尘永远掩埋。当手稿 41 年后重见天日时，罗德俊的这份赤子情怀也被历史永远地铭记。

下一次再经过这座白塔，我们看到的将不只是一座历史古迹，还会感悟到中华民族自立自强的精神，并记住那个叫罗德俊的平凡人和那份不平凡的“罗德俊手书”。

北京市白塔寺

妙应寺坐落于北京市西城区阜成门内大街，因院内的白塔又被俗称为白塔寺。白塔始建于至元八年（1271 年），于至元十六年（1279 年）建成。妙应寺白塔总高 51 米，砖石结构，白色体躯塔基是用大城砖垒起，呈 T 形的高台，高出地面 2 米，面积为 1422 平方米，是我国现存最早、最大的一座藏式佛塔。1961 年，妙应寺白塔被国务院公布为第一批全国重点文物保护单位。

04

战火中诞生的“中华第一龙”

中国古动物馆　顾霞

1938 年冬天，地质学家卞美年先生在云南的一户村民家中发现了一盏“龙骨油灯”。这盏油灯非常特殊，它的底座是用古代动物的脊椎骨化石制作而成的，村民们称这种骨头为“龙骨”。那么，村里的“龙骨”从何而来，又为何被人们注意到呢？

七七事变爆发后，北方的许多科研机构以及科学家被迫迁往大西南，其中就有中国古脊椎动物学奠基人杨钟健先生和地质学家卞美年先生。杨先生那时刚满 40 岁，在炮火纷飞的年代，他辗转到达云南昆明后，一刻也没有停歇，随即便带领工作人员开展了对云南地区的相关考察工作。卞美年先生发现的这盏“龙骨油灯”就源于这次考察。后来，在村民的带领下，卞美年来到发现“龙骨”的地方。在那里，他找到了大量的恐龙化石。此次发现标志着云南地区恐龙化石发掘的开端。杨钟健先生与卞美年等人经过深入调查，在云南省禄丰组织了长达两个月的发掘工作，共采集到化石 40 余箱。经过研究发现，这些化石大部分都是恐龙化石，其中包括一具较为完整的恐龙骨架——70% 以上属于同一个体。要知道，同一个体的恐龙化石完整度达到 30% 就已经非常难得了。后来，这种恐龙被称为“许氏禄丰龙”。

说到“许氏禄丰龙”，关于它的得名还有一段故事呢。“许氏”指的是一位来自德国的古生物学家许耐先生。杨钟健先生早年在德国留学攻读博士学位时，许耐先生为他的研究与学业提供了重要帮助。所以，当杨先生

1956 年，在北京地安门二道桥古脊椎动物研究室后院观看化石
（左起：秉志、杨钟健、夏鼐、吴汝康）

位于古动物馆的
“许氏禄丰龙”
化石骨架

在禄丰发现了如此难得的一具恐龙骨架时，他就以许耐先生的姓氏为其命名，从而表达自己对这位导师的感恩之心。“禄丰”二字，则取自化石的发现地云南省禄丰市。

1940 年，化石被运往重庆。1941 年，“许氏禄丰龙”恐龙化石第一次公开在重庆北碚装架展出。关于这次展览，杨钟健先生在回忆录中这样描述：“许氏禄丰龙运抵北碚以后，曾开过一次展览，参观者甚众。当地人并有持香来扣头者，因为是‘龙’，自然有人崇拜。”

1941 年，“许氏禄丰龙”在重庆北碚的组架现场

为庆祝“许氏禄丰龙”的问世，杨先生写下了《题许氏禄丰龙再造图》一诗，表达了他为祖国科学事业献身的坚定意志：

千万年前一世雄，赐名许氏禄丰龙，
种繁宁限两洲地，运短竟与三叠终。
再造尤见峥嵘态，像形应有浑古风，
三百骨骼一卷记，付与知音究异同。

虽身处战争年代，杨先生和所有工作人员却始终坚守岗位、潜心研究，开启了中国人自己的“恐龙时代”。禄丰因此成为世界上研究早期恐龙的著名地点，被誉为“恐龙原乡”和“化石之仓”。而“许氏禄丰龙”也成为中国人自主发现、发掘、研究、装架并展出的第一只恐龙。

新中国成立后，杨先生回到北京，“许氏禄丰龙”也随即搬到了北京。杨先生把毕生精力献给了祖国的科学事业和教育事业，他的卓越成就如同一座丰碑，受到后辈的尊崇。

中国古动物馆

中国古动物馆创建于1994年，隶属于中国科学院古脊椎动物与古人类研究所，是中国第一家以古生物化石为载体，系统普及古生物学、古生态学、古人类学及进化论知识的国家级自然科学类专题博物馆，同时也是全国青少年科技教育基地、北京市青少年教育基地、中国古生物学会科普教育基地和国家中央机关思想教育基地。1995年12月，中国古动物馆正式对公众开放。

05

御碑上的“伤痕”

房山云居寺文物管理处　王春艳

碑是指刻上文字，用来纪念事业、功勋或作为标记的石头，按照碑文内容和用途来划分，有功德碑、庙碑、墓碑、纪念碑、记事碑、诗碑等。其中的诗碑，是指专门为诗词而竖立的碑。

北京房山云居寺院内就立有一通诗碑，上面刻的是嘉庆皇帝沿途游览美景后写下的两首诗词，所以也称嘉庆御碑。这通嘉庆御碑由青白石制成，高 254 厘米，分为碑首、碑身和碑座三部分。碑首雕有二龙戏珠；碑座雕刻着精美的云卷纹攀枝花；碑身正中是诗句，四周雕刻有 6 对蟠龙，栩栩如生，做工考究。

嘉庆御碑

御碑正面雕刻的是嘉庆十四年（1809 年）嘉庆帝题写的《瞻礼二十韵》，背面是嘉庆十八年（1813 年）嘉庆帝题写的《再游云居寺》。从御碑上可以看到，嘉庆帝的书法古拙大气，端庄秀丽，变化丰富，布局规整，有一种正大气象，彰显了皇家气派。

不过，若你仔细观察会发现，这通诗碑左侧的碑身上有很多凹进去的痕迹。这是怎么回事呢？1938 ~ 1939 年，日军三次轰炸云居寺，这座千年古寺只剩下残垣断壁。为嘉庆御碑遮风挡雨的御碑亭在炮火中被付之一炬，只留下御碑凛然屹立。御碑左侧碑身上凹进去的坑洼就是当时被弹片击中留下的弹痕。

在御碑背面，诗句中繁体的“雲”字，被弹片削掉了一半，“雨”下面的“云”变成了一片空白。

被弹片削掉一半的“雲”字

云居寺在 1985 年和 1999 年经历了两次大规模的修缮，修缮后的云居寺重现了昔日的庄严，文物保护条件也得到了改善。每年秋天，云居寺周边环境呈现出层林尽染、溪水潺潺的美景，逐渐恢复了古时“一湾流水重重树，云清处处雾里山”的景色。

云居寺

云居寺始建于隋末唐初，是中国北方著名的古刹。云居寺饱经沧桑，七七事变后，它毁于日军侵华的战火。1956 年，中国佛教协会、北京大学联合对云居寺石刻佛教《大藏经》进行发掘、拓印和整理。截止到 1958 年，出土石经 14278 方。为保护房山石经和珍贵的文物，1985 年开始在原址复建。云居寺现珍藏石质、纸质、木质文物 3 万余件（套）。1961 年 3 月 4 日，云居寺被国务院公布为首批全国重点文物保护单位。1987 年，云居寺作为社会历史类专题遗址博物馆对外开放，1997 年成为爱国主义教育基地，2001 年被评为国家 AAAA 级旅游景区，2020 年被评为北京市红色旅游景区。

一名特殊党员的代表证

郭沫若纪念馆　梁雪松

郭沫若先生很早就对马克思主义社会科学理论有了较为系统的认识。从早期前往日本留学，到后来亲身经历五卅运动、前往宜兴进行社会调研，这些人生体验都使郭沫若对于中国社会实际有了更加深刻的了解。

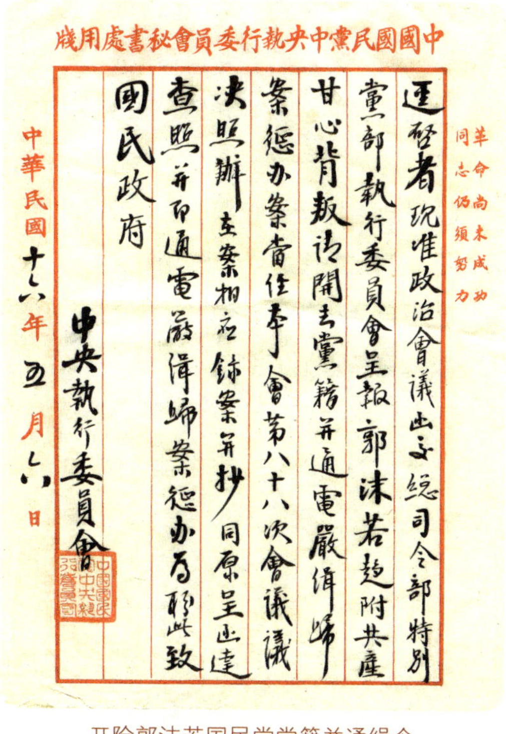
中國國民黨中央執行委員會秘書處用箋

革命尚未成功 同志仍須努力

逕啓者 現准政治會議函交總司令部特別黨部執行委員會呈報郭沫若趨附共產甘心背叛請開去黨籍並通電嚴緝歸案懲辦案當經本會第八十八次會議議決照辦 在案相應錄案並抄同原呈函達查照 並即通電嚴緝歸案懲辦爲盼此致

國民政府

中央執行委員會

中華民國十六年五月六日

开除郭沫若国民党党籍并通缉令
（原件存于中国第二历史档案馆）

1926 年，经瞿秋白推荐，郭沫若与郁达夫、成仿吾等创造社同仁一起奔赴工农革命运动蓬勃发展的广东，并出任广东大学文科学长。在此期间，郭沫若申请加入中国共产党。由于此时正是第一次国共合作期间，当时国共合作的形式是共产党员以个人身份加入国民党，从而实现合作。于是，1926 年 7 月，在党组织的安排下，郭沫若加入国民党，投笔从戎，参加北伐，并被任命为北伐军总政治部宣传科科长。可是，不到一年时间，郭沫若就被开除了国民党党籍。这其中到底发生了什么事呢?

郭沫若出席中国人民政治协商会议的代表证

原来，在北伐过程中，郭沫若敏锐地察觉到蒋介石对革命的背叛，写下了《请看今日之蒋介石》一文，将内情予以公开披露。蒋介石发动“四一二”反革命政变后，郭沫若又秘密前往上海，向周恩来等人汇报了蒋介石的情况。1927 年 5 月 6 日，国民党中央执行委员会以“趋附共产”为由开除了郭沫若的党籍，并予以通缉。同年 8 月，南昌起义爆发后，郭沫若冒着生命危险追上起义队伍，随军南下广东。转战途中，经周恩来、李一氓介绍，和贺龙一起，在瑞金赖氏宗祠宣誓，加入中国共产党，成为一名中国共产党党员。可是为什么郭沫若在 1949 年参加中国人民政治协商会议第一届全体会议时，代表证上的“代表单位”一栏写的是“无党派民主人士”呢?

这还与当年的时局有关。1928 年 10 月，郭沫若在广东流沙与起义部队失散，后经香港回到上海。同年，在党组织的安排下，郭沫若一家前往日本。在日本，郭沫若受到了日本当局的严密监视，无奈只能暂时隐藏自己中共党员的身份，在家中埋头做学问。七七事变爆发后，郭沫若毅然回到国内，以“无党派民主人士”的身份积极投身抗日救亡运动，却无意中收获奇效。利用这一身份，他得以担任国民政府军事委员会政治部三厅厅长、文化工作委员会主任等职务，团结了一大批民主爱国人士共同参与到抗战宣传和文化建设中。皖南事变发生后，叶挺将军就是通过郭沫若与周恩来取得联系的。郭沫若先生用“无党派民主人士”的身份隐蔽，不仅见证了中国共产党团结全国各界民主人士共同建立新中国的努力，也见证了一位秘密党员牺牲小我，投身革命事业的奉献精神。1978 年 6 月 12 日，郭沫若同志逝世。邓小平同志在写给郭沫若的悼词中说：“郭沫若同志是中国共产党的优秀党员……他的笔，始终与革命紧密相连；他的心，和人民息息相通。”

郭沫若纪念馆

郭沫若纪念馆位于北京市西城区前海西街 18 号，是一个占地面积 7000 多平方米的庭院式两进四合院。始建于民国初年，1949 年至 1963 年间先后做过蒙古驻华大使馆和宋庆龄寓所。1963 年到 1978 年，郭沫若在这里度过了他的晚年。1982 年定名为郭沫若故居，被列为全国重点文物保护单位。1988 年正式对外开放。1994 年更名为郭沫若纪念馆。

07

毛泽东与《湘江评论》

中国历史研究院近代史研究所　金民卿
中国社会科学院马克思主义研究院　陈建波

在中国考古博物馆的陈列展线上，有一件珍贵展品——《湘江评论》创刊号，这份刊物在中国共产党历史上曾产生深远影响，它的创办者更是举世闻名。

1919 年 5 月 4 日，中国大地爆发了震惊中外的五四运动，这是中国近现代史上具有划时代意义的一个重大事件。消息传到湖南，全省震动。5 月中旬，北京学生联合会派邓中夏到湖南联络，向当时湖南的学生运动领袖毛泽东等介绍北京学生运动的情况，并商讨恢复和改组原湖南学生联

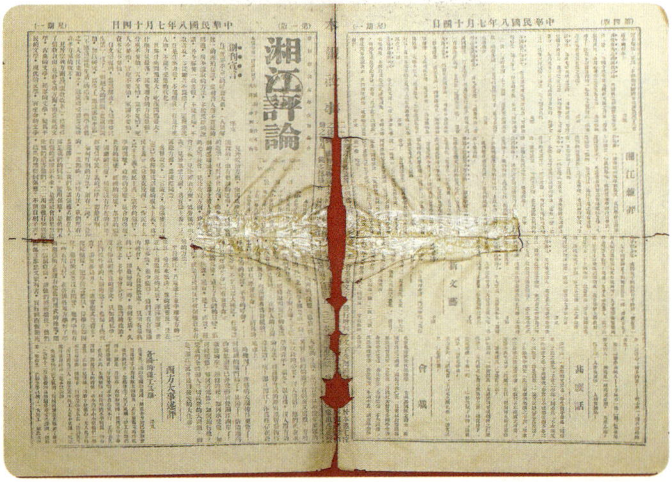
湘江評論

《湘江评论》创刊号

合会等问题。7月9日，由湖南学联发起的湖南各界联合会成立。联合会成立后，迫切地需要发出自己的声音。在毛泽东的倡议下，湖南学联决定创办《湘江评论》杂志，并聘请毛泽东担任杂志的主编和主要撰稿人。作为舆论战线的急先锋，《湘江评论》以“宣传最新思潮”为主旨，辟有“东方大事述评”“西方大事述评”“湘江杂评”“世界杂评”等栏目，全用白话文，每周发行，每刊约12000字。

然而，创办一份刊物绝非易事。在创刊初期，《湘江评论》几乎是由毛泽东一力承办的，其辛苦程度可想而知。据毛泽东在湖南第一师范第八班的同班同学周世钊回忆：“……刊物要出版的前几天，预约的稿子常不能收齐，只好自己动笔赶写。他日间事情既多，来找他谈问题的人也是此来彼去，写稿常在夜晚。他不避暑气的熏蒸，不顾蚊子的叮扰，挥汗疾书，夜半还不得休息。”就这样，《湘江评论》创刊号于1919年7月14日正式出版。

毛泽东在《湘江评论》创刊号中，以一种平易近人、热情激昂的语气大声疾呼：“世界什么问题最大？百姓吃饭的问题最大。世界什么力量最强？民众联合的力量最强。什么不要怕？天不要怕，鬼不要怕，死人不要怕，官僚不要怕，军阀不要怕，资本家不要怕……时机到了！世界的大潮卷得更急了！洞庭湖的闸门动了，且开了！浩浩荡荡的新思潮业已奔腾澎湃于湘江两岸了！”

这篇创刊宣言视野开阔，见解卓越，切中时弊。百年后的今天我们再读起它，还可以体会到其中那种风华正茂、指点江山的气势。《湘江评论》在当时引发了很大的轰动，据周世钊回忆：《湘江评论》创刊号“差不多全部文章都是毛泽东写的……这些文章不但揭露了反动统治阶级的罪恶，而且为人民指出了斗争的方向和途径。读过这些文章之后，大家觉得累积在心头的焦虑和苦闷得到解除，眼前出现了光明和希望”。据新民学会会员唐耀章回忆：“广大群众热烈欢呼《湘江评论》的创刊，各校青年争相购读，奔走相告……各地读者争相订阅，每期销数在五千以上。”

由于《湘江评论》严厉抨击封建军阀的黑暗统治，主张推翻强权政治、解放思想、冲决网罗，惹怒了当时的湖南军阀张敬尧。8月中旬，张敬尧派军警搜查了承担《湘江评论》印刷任务的湘鄂印刷公司，查封了湖南学生联合会和《湘江评论》，当时已经印刷完成的第五期刊物被全部没收，湖南学联也随之被强行解散，一份富有革命战斗精神的刊物就这样被封建军阀无情扼杀了。

《湘江评论》虽然只存在了一个多月，但是不仅在湖南产生了很大影响，在省外也很引人注目。北京、上海、成都的一些报刊都转载过它的文章。特别是在创刊号寄到北京后，李大钊评价它是全国最有分量、见解最深的报刊。除了《创刊宣言》外，连载于第二、三、四期的《民众的大联合》一文，旗帜鲜明，昂扬奋进，激动人心，充分体现了毛泽东作为革命家、政治家的鲜明特点。当时，不少进步青年，如任弼时、郭亮、萧劲光，就是在毛泽东和《湘江评论》影响下觉悟并开始走上革命道路的。

激情澎湃的《湘江评论》如暗夜之星在封建军阀的黑暗统治下散发着独特的思想光芒，照亮了人民反抗压迫的革命之路，为人民谋求幸福带来了光明和希望。

中国考古博物馆

中国考古博物馆（中国历史文化展示中心）是中国历史研究院下设的我国第一家国家级考古专业博物馆，展厅面积7000余平方米。博物馆以中国历史研究院收藏的考古出土文物和珍贵古籍文献为基本陈列，共计3000余件（组），集中展示了5000多年中华文明与统一多民族国家形成与发展的历史。

加强纪律性，革命无不胜

——一本《入城纪律》小册子的故事

香山革命纪念馆　桂星星

在香山革命纪念馆的基本陈列里，展示着一本 1949 年 5 月华东军区司令部印制的《入城纪律》小册子。入的哪座城市？为什么要为“入城”定纪律呢？这还要从 1949 年解放上海说起。

1949 年 5 月 27 日，经过 16 个日夜的激烈战斗，人民解放军解放上海。5 月 28 日清晨，枪声逐渐停息，上海下着绵绵细雨。上海市民推开窗

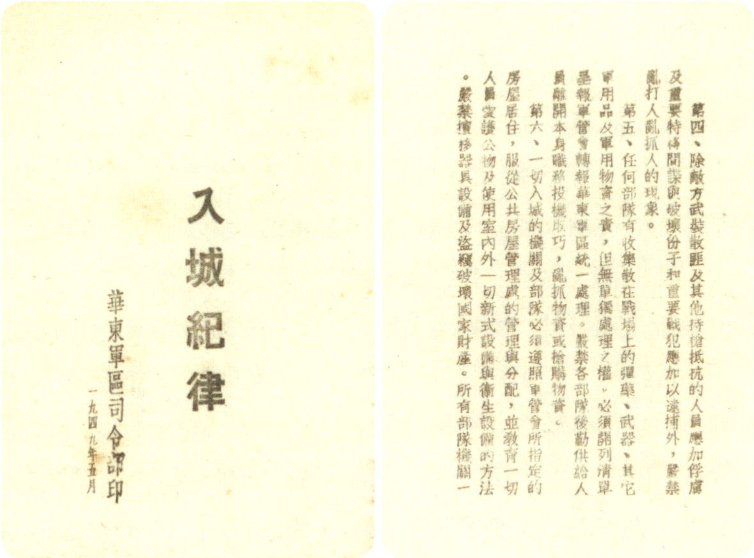
入城紀律

華東軍區司令部印

一九四九年五月

第四、除敵方武裝散匪及其他持槍抵抗的人員應加俘虜及重要特務間諜與破壞份子和重要戰犯應加以逮捕外，嚴禁亂打人亂抓人的現象。

第五、任何部隊有收集散在戰場上的彈藥、武器、其它軍用品及軍用物資之責，但無單獨處理之權，必須開列清單呈報軍管會轉報華東軍區統一處理。嚴禁各部隊後勤供給人員離開本身職務投機取巧，亂抓物資或搶購物資。

第六、一切入城的機關及部隊必須遵照軍管會所指定的房屋居住，服從公共房屋管理處的管理與分配，並教育一切人員愛護公物及使用室內外一切新式設備與衛生設備的方法。嚴禁擅移器具設備及盜竊破壞國家財產。所有部隊機關一

1949 年 5 月，华东军区司令部印发的《入城纪律》小册子

户，被眼前的景象惊呆了：湿漉漉的马路边躺满了身穿黄布军装的解放军战士。原来，为了不打扰市民，解放军战士选择露宿街头，席地而卧。这个令人感动的画面被以照片的形式记录下来，在国内外引起巨大轰动。

1949 年 2 月上海解放前，第三野战军南下到达徐州贾汪时，司令员兼政治委员陈毅就找时任司令部城市政策组组长的曹漫之谈话，给他交代了一项重要任务——起草一份第三野战军《入城守则和纪律》。陈毅认为，入城纪律是执行入城政策的前奏，人民解放军即将进入南京、上海、杭州等大城市，由于那里的老百姓受国民党反动宣传的影响，对人民军队不太了解，所以人民军队进城后一定要严守纪律，给百姓一份好的“见面礼”。之后，陈毅又强调，军队进城后，在没有找到营房之前一律睡马路，这一条一定要写上！

4 月 1 日，华东野战军以司令员兼政治委员陈毅、副司令员兼第二副政治委员粟裕、第一副政治委员谭震林、政治部主任唐亮、副主任钟期光联名发布“命令”的形式颁布了《入城三大公约和十项守则》。明确要求所有入城机关和部队必须遵照军管会所指定的房屋居住，“不住民房店铺”；并要求各级军政机关须据该公约、守则深入教育所属部队，务使人人了解、个个熟记。各级军政干部以身作则，督率全体切实遵行。同日，华东局在《华东局关于接管江南城市的指示（草案)》中，又规定了一切部队干部和接收人员必须遵守的十项守则。

针对“不住民房店铺”的纪律，有的干部提出疑问和反对意见：过去打仗都是睡在老百姓家里，为什么进入上海就非要睡马路？军指挥所也不许进民房，遇上下大雨怎么办？战士生病，进去要点水喝也不行？陈毅斩钉截铁地表示，不可以，说不入民宅，任何人都需要遵守，这是人民解放军送给上海人民的“见面礼”。毛泽东对此极为赞赏，在电文中批示：“很好，很好，很好，很好。”

就这样，出现了文章开头讲到的那一幕。1949 年 5 月人民解放军进入上海时，向世人展现了人民军队具有铁一般的纪律，在国共战略决战的关键时刻，在胜利曙光就要来临、中华民族命运转折的紧要关头，严明的纪律，对树立人民解放军的光辉形象起到了重要作用，对提高各级党组织和人民军队的战斗力，取得解放战争的最后胜利起到了至关重要的作用。“军队向前进，生产长一寸，加强纪律性，革命无不胜。”这是毛泽东主席关于纪律是革命胜利保证的精辟概括。

如今，透过这本《入城纪律》小册子，可以充分感受到中共中央高度重视纪律的工作作风，以及人民解放军在解放战争中严格遵守各项规定的纪律意识。正是这铁一般的纪律，强化了军民鱼水关系，塑造了人民解放军“文明之师”“威武之师”的良好形象，使人民军队赢得了广大人民群众的拥护。

香山革命纪念馆

香山革命纪念馆位于香山脚下，2019 年 9 月 13 日正式对外开放，是集中展示香山革命历史的重要场馆，是传承弘扬革命文化和首都红色文化的重要抓手，是加强爱国主义教育和革命传统教育的重要载体。馆内设有《为新中国奠基——中共中央在香山》基本陈列展，是目前国内唯一全面展示中共中央进驻香山时期辉煌历史的大型展览。

09

科场名士亦豪杰

孔庙和国子监博物馆　陆承

一走进北京孔庙的院落，蔚为壮观的进士题名碑林便映入眼帘。进士题名碑作为中国科举制度的产物起源于唐代雁塔题名的风俗，“题名”起初只是文人考中后偶尔为之的乐事，并未形成惯例。宋、元时期开始专门刻立进士题名碑，明代则成为定制，每次殿试后由朝廷出资在国子监刻石题名，用来表彰进士、激励后人、招揽人才、传之永久。随着清朝光绪三十一年（1905 年）科举制的废除，光绪三十年（1904 年）甲辰科进士题名碑也就成了中国历史上最后一通进士题名碑。

北京孔庙进士题名碑共计 198 通，其中元代 3 通、明代 77 通、清代 118 通，碑身共镌刻 51624 名进士的姓名与籍贯。这些题名碑不仅会聚了古代中国的名士重臣，还记载了近代众多追求民族复兴、救亡图存的仁人志士，张謇便是其中之一。

进士题名碑

1894 年中日甲午战争爆发，清政府与日本签订丧权辱国的《马关条约》，民族危机空前严重。对此，当年新科状元张謇在日记中无不愤慨地写道：“和约十款，几罄中国之膏血，国体之得失无论矣！”在国家生死存亡之际，张謇深刻反省中国战败原因，认为只有发展民族工业才能抵御帝国主义的侵略。为此，他“愿成一分一毫有用之事，不愿居八命九命可耻之官”，毅然放弃功名仕途，回乡创业办厂，走上“实业救国”之路。1895 年，张謇在南通创办大生纱厂，厂名取《易经》“天地之大德曰生”之意，寄托了张謇的理想——天地间最大的政治是国计民生。大生纱厂生产规模不断扩大，成为当时全国最大的纺织企业。张謇还先后创办了铁冶公司、轮船公司、面粉公司等数十家企业，为我国近代实业发展贡献了毕生精力。

目睹清廷的腐败与民族的创伤，另一位具有强烈爱国心和责任感的进士也开始了救亡图存的探索，他就是清光绪九年（1883 年）癸未科进士刘光第。甲午战争爆发两个月后，时任刑部候补主事的刘光第奋笔写下石破天惊的《甲午条陈》，向光绪帝陈述自己的变革思想。虽然这份上书最终未能送达光绪帝手中，但他痛陈时弊、师夷制夷、变法图强的维新观点却在京师广为流传，产生了积极的社会影响，被誉为“天下之公言”。1898 年 6 月，光绪帝颁布《明定国是诏》，宣布变法，起用维新派人士推行新政。刘光第深受光绪帝赏识，被赐四品卿衔，授任军机章京行走，参与新政。然而，维新变法触及了清朝顽固派的根本利益，慈禧太后于 9 月发动政变，囚禁光绪帝于瀛台，并下令大肆搜捕维新派人士。有人劝刘光第设法逃走，但他早将生死置之度外，泰然处之。9 月 28 日，刘光第与谭嗣同、杨深秀等 6 位维新派人士于北京菜市口被处死，史称“戊戌六君子”。

岁月无言，金石可鉴。行走在进士题名碑间仿佛穿梭于时空隧道，张謇、刘光第、杨深秀、沈钧儒……这些晚清进士见证了“三千年未有之大变局”。作为获得中国科举制度中最高功名的群体，他们当中的很多人没有囿于“光宗耀祖”的旧有观念，而是秉持着“士不可以不弘毅，任重而道远”的家国担当，毅然投身于跌宕起伏的历史洪流中，为探索民族复兴之路贡献自己的力量。进士题名碑不仅铭刻了中国近代仁人志士的姓名，更沉淀了民族气质和时代精神。当我们回望历史，碑碣上的一个个名字宛如夜空中的点点繁星，在挽救民族危亡之路上留下光亮。悠悠孔庙，巍巍碑林，进士题名碑将继续守护和传承中华民族赓续不绝的历史文脉。

孔庙和国子监博物馆

孔庙和国子监博物馆位于已有700余年历史的北京国子监及孔庙古建筑群内，这里曾是元、明、清三代皇帝的祭孔场所和国家最高学府（兼具管理教育职能），也是皇帝临雍讲学及进士释褐簪花的重要场所。大成殿和辟雍是馆内标志性建筑。国子监于1961年成为第一批全国重点文物保护单位。博物馆现有进士题名碑、乾隆石经两处碑林展示区及《大哉孔子》《北京孔庙历史沿革》《金榜题名》《国子监原状陈列》《中国古代官德文化》等常设展览，并定期举办“国学文化节”“太学生召集令”等品牌推广活动。

10

“鼠疫斗士”伍连德

北京中医药大学中医药博物馆　潘激扬

北京中医药大学中医药博物馆里展示着这样一本图册，图册的封面上是一位英俊潇洒的将军。不过，这位将军不是英勇杀敌的武将，而是一位“国士无双”的中国检疫、防疫事业先驱人物，爱国华侨伍连德。

打开图册，历史定格在1910年10月12日。那一日的满洲里天寒地冻，两个从沙俄归来的矿工离奇死去。短短十几天之后，一场突如其来的瘟疫横扫整个东三省。顷刻间，东三省成为疫区，多个城市呈现疫情暴发之势，染疾死亡人数急剧上升。

正当危急时刻，有着医学博士背景的马来西亚华侨、年仅31岁的伍连德临危受命，出任东三省防疫全权总医官。他火速从天津赶赴哈尔滨。在疫情最严重的傅家甸，伍连德通过观察病人的一系列症状，初步判断这是可怕的鼠疫。感染人数和死亡人数依然在急剧上升，情急之下，伍连德决定对尸体进行解剖。可是在那个时代，进行尸体解剖既有违清律，又有悖伦理。为了找到答案，伍连德顶着压力完成了尸体解剖工作，在死者的心、

《伍连德传》图册

肺、血液中发现了大量鼠疫杆菌，并由此大胆推断出：该鼠疫通过人与人之间飞沫传播。于是，伍连德将该鼠疫命名为“肺鼠疫”，并明确，要控制疫情就要防止飞沫传播。为此他发明了一种口罩，即用两层纱布，内置一块吸水药棉制成。这种口罩制作简单，价廉物美，老百姓戴上这种口罩后，疫情得到了一定控制。后人将这种口罩称为“伍氏口罩”。

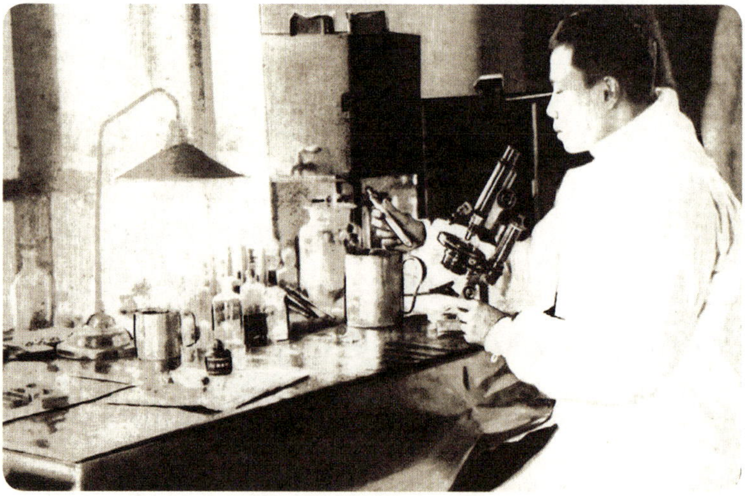

1911 年，伍连德在哈尔滨第一个鼠疫实验室里

与此同时，伍连德将疫情最重的傅家甸分为四个防控区，防控区内的居民不得跨区；各区挨户检查，一旦发现感染者立即送医，居所彻底消毒；诊病院按病情分为：疫症院、轻病院、疑似病院等；火车车厢也被征作临时隔离营，收容接触者及疑似感染者……疫情得到了控制，但却仍未结束。伍连德又做出了一件有违大清伦理的决定——火葬尸体。伍连德顶着巨大的压力，终于得到清政府的首肯。正是此举，让东三省迎来了鼠疫防控的转折点。1911 年 3 月 1 日，随着零点钟声的敲响，数夜难眠的人们爆发出热烈的欢呼声，伍连德郑重宣布：“傅家甸解除隔离！”吞噬了 6 万多条生命的鼠疫终于被战胜了。

回顾伍连德的一生，他在英国接受医学教育学成后毅然回国服务，将自己最宝贵的年华献给了中国的卫生防疫事业。无论在国内还是在海外，他以身为中国人而自豪，随时随地为扩大中国影响而努力。伍连德曾创建中华医学会，创刊《中华医学杂志》，出版了《中国医史》，主持创办了多所医院、医学院校，收回了中国港口的卫生检疫权，参与了中国禁毒斗争，让世界了解了中国医学，被梁启超称为“国士无双”。他在自传中这样写道：“我曾经将我的大半生奉献给古老的中国……中国是个有五千年历史的伟大文明古国，历经世世代代的兴衰荣辱才取得了今天的地位，我衷心地希望她能更加繁荣昌盛。”

人无精神则不立，国无精神则不强。“鼠疫斗士”伍连德的奉献精神将激励后人继续前行！

北京中医药大学中医药博物馆

北京中医药大学中医药博物馆是一座藏品丰富、内容系统的专业性博物馆。馆内分“医史部”和“中药部”两部分，中药部收藏各类中药标本2800多种，5000余份。展陈包括《中药综合展厅》和《药用动物展览橱窗》部分。《中药综合展厅》陈列常用中药近600种，1500多份中药标本。展出面积约1500平方米。在这里既能见识很多珍贵药材，也能了解中医药发展史，真切感受中医药传统文化的博大精深与无穷魅力。

11

“昂贵”的唐三彩骆驼俑

故宫博物院　高希

在古代，骆驼既是远行商旅的坐骑，也是驮运物资的工具，被誉为“沙漠之舟”。在北京故宫博物院雕塑馆中就有一件“唐三彩骆驼俑”。这件骆驼俑器型高大，近1米高，是双峰驼，它的头颈、双峰及鞍鞯部分施以褐绿相间的釉彩；躯干和四足则是素胎；双峰间挂着兽面纹饰的驮囊，上面搭载丝绸、火腿等物资。它的前腿略弯，后腿挺直，仿佛刚从卧姿中站立而起，即将踏上“丝绸之路”艰辛的旅程。这件国家一级文物釉色鲜亮，造型灵动，堪称唐代陶俑中的珍品。唐三彩陶俑原是古人随葬的冥器，不会在居室中陈设，更不会被皇家收藏。那么，它是如何来到故宫的呢？

唐三彩骆驼俑

北京故宫博物院的文物藏品除清宫旧藏外，还有国家调拨和社会人士捐献等多种途径来源。这件骆驼俑，就是社会人士捐献的，捐赠者是著名文学史家郑振铎先生。作为新中国文物工作的奠基人，他对北京故宫博物院的藏品入藏工作做出了突出贡献。

1921 年，还在商务印书馆工作的郑振铎就对陶俑收藏很感兴趣，认为陶俑文物对研究古代文化生活大有益处。抗战胜利后，市场上流散着大量陶俑文物，成为外国人争相购藏的目标。为防止国宝流失，郑振铎不惜举债购买。北京故宫博物院雕塑馆展出的这件唐三彩骆驼俑，就是他于 1948 年在上海购得的。当时卖家坚持 12 两黄金的要价，郑振铎倾尽家产也只能凑出 10 两黄金，于是便将陶俑以抵押方式暂存卖家手中。

郑振铎

郑振铎对文物的收藏，并非简单的个人爱好。考虑到北京故宫博物院陶俑藏品的缺失，他写信给周恩来总理，阐述陶俑重要的文物价值，表示要将自己珍藏的 657 件陶俑全部捐献给北京故宫博物院。而那尊唐三彩骆驼俑也在郑振铎买下它四年后，于 1952 年被赎回。郑振铎为北京故宫博物院雕塑文物的展示做了全方位指导，并建议成立专门的雕塑馆。

1958 年，北京故宫博物院雕塑馆正式建成开放，珍贵的唐三彩骆驼俑也在其中展示。然而，为中国文物事业殚精竭虑、无私奉献的郑振铎先生却未能再睹骆驼俑的风采。同年，郑振铎先生率中国文化代表团赴开罗访问途中飞机失事，遇难殉职。

“为国捐躯死亦豪，我君鲜血不轻抛！”郑振铎先生对我国文物事业的无私奉献和远见卓识永远为世人感怀。

12

一张薪水表背后的故事

北京李大钊故居　刘洋

北京李大钊故居珍藏着一张纸张已经发黄的薪水表，这份薪水表记录了李大钊先生担任北大图书馆主任时的收入。薪水表上赫然写着每月 120 块银圆。如此来说，李大钊先生的家境本应颇为宽裕，可事实上，他的家中非但不富裕，反而过着几近揭不开锅的日子。

李大钊先生牺牲后，中外记者曾到他家中采访，却被眼前的景象惊呆了。当时，各大报纸纷纷出现了这样的报道：“李夫人回家后仅一元之生活费”，“李宅室中空无家具，即有亦甚破烂”。由于家里没钱安葬李大钊先生，只好向公众募捐举行公葬。堂堂的北大教授，家里的日子怎么过得如此贫苦？

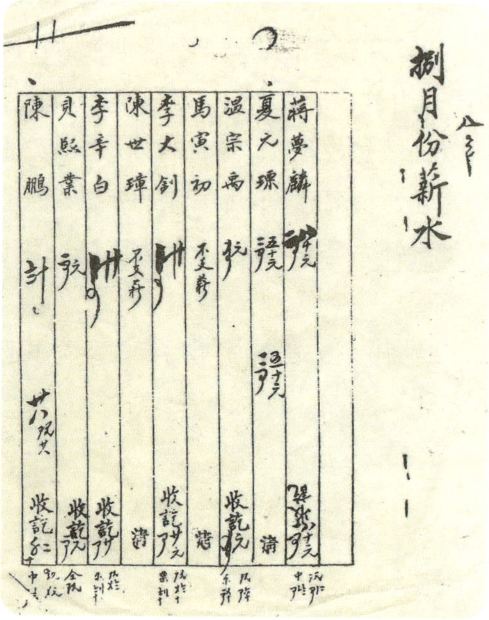

李大钊先生的薪水表

1918 年，李大钊任北京大学图书馆主任，薪水表上记录此时他的月薪是 120 块银圆。1920 年，李大钊任北京大学教授兼图书馆主任，每月收入为 180 块银圆。后来他还兼任其他 4 所大学的教授，再加上撰写文章的稿费，最高时月收入可达 300 块银圆。按当时的物价折算，2 块银圆可以买 25 千克面粉，400 块银圆可以买一处四合院。

李大钊收入虽高，生活却极为节俭。他不仅没有一处房产，还始终租赁便宜的房子居住；他不吸烟，很少喝酒，每天步行上下班，很少坐黄包车；他若中午不回家吃饭，便自带干粮，或是一张大饼，或是两个馒头，或是两个窝头，就点小菜和白开水。那么，李大钊先生的钱都花到哪里去了呢？

原来，党组织早期活动经费十分紧张，李大钊便拿出自己的薪水充当活动经费。北京大学马克思学说研究会成立之初，他先后购置了七八百本有关马克思主义的书籍，供学生们学习研究之用。北京共产党小组成立后，李大钊每月拿出 80 元作为党组织的活动经费。而剩下的薪水，又大多被李大钊花在了需要帮助的青年人身上。每到北大开学季，一些贫困学生就会收到一个名叫“无名氏”的人寄来的汇款。时间久了大家才知道，这个“无名氏”就是李大钊先生。北大俄文系旁听生曹靖华因交不起学费不能再继续旁听，李大钊听说后，到会计科写了一张条子，让会计用他的薪水给曹靖华解决学费问题。每月发薪水的时候，会计科总是给李大钊送来一叠借条，薪水所剩无几，有时候，他的家人甚至到了要为吃穿发愁的程度。校长蔡元培听说此事后，叫会计科每月将李大钊的薪水扣下一部分直接交给李夫人用来过日子，防止家里揭不开锅。

现在，当我们再看到这张薪水表，更能体会到以李大钊为代表的共产党人的初心和使命。

北京李大钊故居

北京李大钊故居位于北京市西城区文华胡同24号，为民国时期民居建筑。院落西侧屹立着李大钊同志半身铜像，庄严凝重，院内的两株海棠树生机盎然。故居展览陈列由“故居复原陈列”和《播火者——李大钊革命思想与实践》专题展两部分组成。1920年春至1924年1月，李大钊及家人在此居住近4年。这里见证了李大钊先生传播马克思主义、建立党组织、领导北方工人运动、促进第一次国共合作等一系列最具代表性的革命实践活动，在中国共产党的历史上有着特殊的革命历史价值。

13

徐悲鸿笔下的“驰骋战马”

徐悲鸿纪念馆　张李萌

徐悲鸿纪念馆收藏有一幅徐悲鸿的国画作品《奔马》。画上，骏马飞驰，昂首奋蹄，意气风发，如风似电，承载着驰骋疆场、腾跃四野、冲破黑暗的凛凛气概，给人以强烈的视觉冲击力。这幅作品创作于抗日战争时期。1941 年，著名画家徐悲鸿先生客居马来西亚槟城，当时正值抗日战争的艰难时期，他以一幅奔马图来抒发自己的忧思之情，更寄予了自己对祖国的牵挂、对胜利的渴望、对战士的鼓舞。

在中国文化中，素有以马寄托情怀的传统，“马”常常寓意刚健、热烈、勇敢、忠诚，绘画作品也自古有之。而徐悲鸿先生在中国绘画史上开创了写意画马的先例，在素描的基础上用粗毫大笔展现马的奔放不羁。他笔下的“马”，是与时代的交响、与国家的兴亡、与民族的复兴紧密相连的；在民族危难的战争年代，更被赋予了热血沸腾的时代气息、顽强拼搏的民族精神，抒发着他对战争胜利、民族复兴的热切期盼。在抗日战争期间，他始终心系家国，以画笔作战，以马之精神喻人之精神、喻民族之精神，将满腔热血诉诸笔端，为唤醒民众吹响民族救亡的号角。

1935 年，在国家危难之时，徐悲鸿用一幅《奔马》感叹“此去天涯将焉托，伤心竟爽亦徒然”，满溢忧国忧民之情。1938 年，战争胶着之时，徐悲鸿笔下的马神采坚毅、昂首挺拔，“秋风万里频回顾，认识当年旧战场”，尽显他对胜利的盼望。1939 年，在民族危亡的黑暗时刻，一匹迎风回首、傲骨嶙峋的马跃然纸上，寄予着他“微能奔走耳，未死未辞劳”的

徐悲鸿国画作品《奔马》

理想抱负。1940 年，喜闻“鄂北大胜，豪兴勃发”的徐悲鸿一气呵成，创作了形神兼备、自然生动的《群马》，喜悦之情溢于言表。1953 年，徐悲鸿挥毫一幅《奔马》，并题写“山河百战归民主，铲尽崎岖大道平”，感叹在中国共产党引领下，国家翻天覆地的变化。

徐悲鸿先生将艺术创作与民族责任紧密相连，他始终坚持“尽精微，致广大”的创作追求，他笔下家喻户晓的驰骋战马代表着中华民族伟大复兴的龙马精神。徐悲鸿笔下的马是弘扬中国精神，凝聚中国力量，鼓舞全国各族人民朝气蓬勃迈向未来的经典作品，永远与社会共鸣，与时代交响，与民众共舞。

徐悲鸿纪念馆

徐悲鸿纪念馆原址位于东城区东受禄街徐悲鸿故居，20 世纪 70 年代重建于西城区新街口北大街，1983 年 1 月重新开放。2010 年 9 月，徐悲鸿纪念馆进行改扩建工程，新的纪念馆占地面积 5363 平方米，总建筑面积 10885 平方米，设有基本陈列、临时展厅、报告厅及儿童活动区等。其中基本陈列中包括徐悲鸿生平展、巨幅国画《愚公移山》《九方皋》《田横五百士》等作品。

14

小小公文箱，漫漫归国路

李四光纪念馆　赵曼

李四光纪念馆收藏着一个磨损泛旧的牛皮公文箱。1949 年 9 月至 1950 年 4 月，正是它伴随着李四光踏上了漫漫归国之路。

1949 年 9 月，英国伦敦。李四光神情凝重，他将重要的文章手稿、几本地质书、护照、几件换洗衣服及 5 英镑旅行支票放进一个小公文箱。接下来，他对夫人说："我马上要从普利茅斯港离开英国。"并嘱咐夫人把原来买的船票退掉，先搬到剑桥和女儿一起住，等他的消息。普利茅斯港是什么地方？根据李先生的说法，那是一个货运港，从那里乘船去法国的人比较少，不容易引起注意。但李先生为何要如此隐秘地离开？又为什么要和太太分开走，只带一件简单的行李？这就得从 1948 年说起。

伴随李四光漫漫归国路的牛皮公文箱

1948 年，李四光代表中国地质学会到英国参加第 18 届国际地质大会，会后便留在了英国。但他时刻关心国内的战事，每天都翻阅报纸，焦急地等待回国时机。1949 年 4 月，中国代表团赴布拉格出席世界保卫和平大会，临行前，周恩来总理指示郭沫若给身在英国的李四光带一封信，并让郭沫若转告李四光，请他早日回国。收到祖国的来信，李四光十分激动，他立即预订船票，办好了过路签证。无奈事不由人，那时由英国到远东的船很少，最快也要半年后才能启程回国。1949 年 9 月 21 日，李四光还在急切地等待船期。9 月 21 日至 30 日，中国人民政治协商会议第一次全体会议在北平召开，报纸上刊登了第一届政协委员名单，李四光作为自然科学工作者代表位列其中。没想到，这却引起了国民党反动派的注意。

“中华民国”驻英大使郑天锡要李四光公开发表声明，拒绝接受委员职务，不然就有被扣留的危险。事发突然，李四光当机立断，决定轻装简行，提前绕道出发，这才有了开篇讲述的一幕。

李四光走后的第二天，“中华民国”驻英大使馆果然派人来找他，还给他带来郑天锡的一封信和 5000 美元。李夫人告诉来人，李四光已经回国了，不仅将信和钱款退还，还让来人把李四光事先写好的一封信一并带回交给郑天锡。国民党方面在得知李四光不辞而别后大为恼火，下令一旦发现李四光的行踪，立即采取紧急措施。

李四光从离开英国那一刻起便与外界断了联系。1949 年 11 月 15 日，周总理给新华社驻布拉格分社社长吴文焘发去一封电报，请他与捷克当局协调，保护李四光的安全。11 月 27 日，吴文焘给周总理回电报：“李四光尚无来捷消息。”按行程计算，李四光应该已经到捷克了，为什么还没有消息呢？原来，由于无法办理签证，李四光没有从捷克经苏联回国，而是经欧洲到香港，再从香港入境，时间远超预期。

1950 年 4 月，在爱国人士的帮助下，李四光终于与祖国的同志取得了联系。在见到迎接他的黎雪先生时，李四光激动地噙着热泪，感慨地说：“我要是能早一些和你们在一起多好！

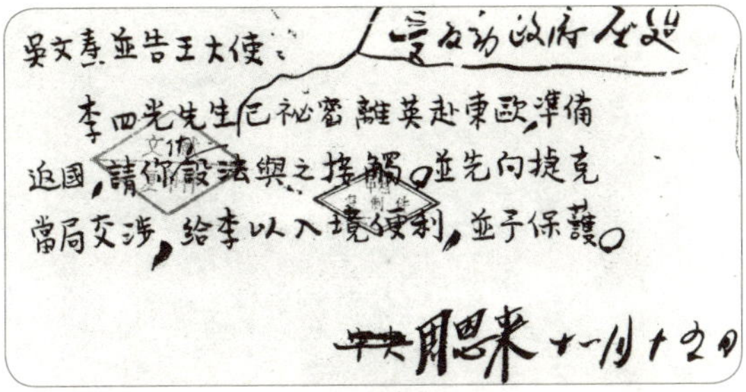
吴文焘并告王大使：

李四光先生已秘密離英赴東歐，準備返国，請你設法與之接觸。並先向捷克當局交涉，給李以入境便利，並予保護。

周恩来 十一月十五日

1949 年，周恩来总理给新华社驻布拉格分社社长吴文焘的电报稿

这回无论如何要回来，一定要和你们在一起，把自己的一切力量贡献出来，在共产党的领导下，努力学习，埋头做好工作。”

是啊，虽然李四光仅仅离开了祖国两年，但这已经是两个时代的祖国！他的眼前再也不是那个满目疮痍、遍地战火的旧中国，他看到的是人民发自内心的笑容，听到的是充满朝气的声音，感受到的是欣欣向荣的新中国。

如今，回看这个伴随着李四光先生度过艰难险阻，终于回归祖国的公文箱，人们亦能深深感受到他当时激动的心情。

李四光纪念馆

李四光是我国著名地质学家，中国地质科学奠基人之一，是新中国地质事业的主要领导人和开拓者。毛主席、周总理等老一辈无产阶级革命家称赞“李四光同志是一面旗帜”。他毕生研究地质科学，取得了诸多重大科学成果，为我国油气勘探、核工业的发展做出了突出贡献。1989 年 10 月 26 日，在李四光诞辰 100 周年之际，经中共中央宣传部批准，在李四光故居的基础上扩建李四光纪念馆，当时的全国政协主席李先念亲自为纪念馆题写了馆名。2015 年 10 月，李四光纪念馆完成扩建，室内总展示面积近 2000 平方米，分东、西两个展区，展示内容分为光辉足迹、卓越贡献、事业传承和精神永存四个主题。李四光纪念馆是教育部命名的首批中小学生研学实践教育基地、自然资源部科普教育基地。

15

隽永的守护，孺子的登攀

——“北京人”头盖骨与贾兰坡

周口店北京人遗址博物馆　才逸男

在周口店北京人遗址博物馆中陈列着一系列“北京人”头盖骨模型。这些发现于20世纪二三十年代的头盖骨化石及其他文化积淀物，向我们描绘了一群生活在距今70万年至20万年之间的人类祖先——北京人。“北京人”属于直立人，他们的颧骨高突，面部较现代人稍短，向前伸出，前额低平，鼻子宽扁，眼眶上缘有两块互相连接的粗大眉骨，平均脑量约为1000余毫升。

百年前，“北京人”头盖骨的陆续发现翻开了中国考古学及古人类学研究的辉煌篇章，这其中就有一位称得上周口店古人类研究的元老，自从1931年结缘周口店，他将自己毕生的心血奉献在了这片神秘而深厚的土地上，他就是著名的古生物学家贾兰坡。

贾兰坡

20世纪初，出身贫寒的贾兰坡由于家庭困难，勉强上到中学毕业后便只能离开他热爱的课堂求职谋生。尽管如此，他从未放弃对知识的渴求，一有时间便带着馒头、咸菜，奔走于北京的各大图书馆努力求学。在这过程中，他对自然科学产生了浓厚兴趣。1931 年，贾兰坡机缘巧合地考取了中国地质调查所，并参加了新生代研究室主办的周口店发掘工作。1921 年，周口店第一块人类头盖骨化石的发现轰动了世界，其间，众多的国外考古学专家纷纷前往周口店想一探究竟。听闻这种情况，贾兰坡想，在中国的土地上怎么能全靠外国人来发掘研究呢？于是，当被派往周口店参与发掘的那刻起，他就暗下决心，一定要做出一番成绩来为中国人争口气。

贾兰坡先生曾这样描述他选择科学研究工作时的心情：“我初到周口店的时候，只是一名练习生。洗标本、写号码、打字、抄写等杂七杂八的活全得干。就在这样的情况下，我却立志要做一名专家学者。这在别人看来，不免认为胆大妄为，但对我来说，就成了学习和工作的动力。”

1936 年，贾兰坡主持周口店发掘工作。这一年他连续发现了 3 块“北京人”头盖骨。这次发现不仅震惊了世界，也使他登上了国际学术界的最高殿堂。那个时代，国家动荡，民族危急，贾兰坡却立志要做一名专家学者，在自己的研究领域攀登高峰，站上国际舞台，为国争光。也正是以他为代表的中国考古工作者这种“独上高楼，望尽天涯路”的学术信念，使得中国地质古生物学界在危困中仍旧人才辈出、星光灿烂。

1936 年 11 月 26 日，贾兰坡和王存义正在观察外露的“北京人”头盖骨

有人曾经问贾兰坡的爱好是什么，他说：“工作之外就是看书，做笔记。再就是收集资料，一生如此，并没有别的兴趣，只是再没有更多的时间。”面对巨大的成功，他依然保持严谨的科学态度，把全部的精力投入到探索人类起源的研究工作中。

1941年，“北京人”头盖骨化石丢失，这个消息让中国科学家乃至全体中国人民都感到无比痛心疾首，特别是对于贾兰坡，“北京人”头盖骨化石的遗失成了他终生未能释怀的遗憾。

贾兰坡在猿人洞（第1地点）
回忆周口店发掘历史

几十年间，贾兰坡先生始终为寻找“北京人”头盖骨的踪迹奔走呼号。1998年，耄耋之年的贾兰坡先生同14位年过古稀的学界泰斗联合发起了世纪末的追寻，再次对“北京人”头盖骨化石进行寻找。然而时至今日，“北京人”头盖骨化石仍然下落不明。

贾兰坡先生像牵挂自己的孩子一样念念不忘“北京人”头盖骨，他今生最大的愿望就是把它们找回来。贾兰坡先生带着永远的遗憾和心痛走完了他的一生，骨灰被安葬于周口店遗址的龙骨山，就像他生前所愿一样，永远守护着倾注了他毕生心血的周口店，期待着“北京人”头盖骨回归的那一天。

贾兰坡先生的一生融入“人类起源”的文脉传奇，浇灌着考古事业的参天林木。他是为“北京人”头盖骨奉献一生的研究者与守护者。回望贾兰坡先生的百年人生，回首中国考古学的百年历程，我们慨叹于考古工作者坚定赤诚的报国之心，亦动容于他们求知笃学的科学态度。历史不会忘记这些矢志报国的考古工作者，他们的功绩将永远如泰山一样巍峨耸立！

周口店北京人遗址博物馆

周口店北京人遗址博物馆是一处自然科学类国家一级博物馆，全国重点文物保护单位，国家AAAA级旅游景区，全国科普教育基地。博物馆建筑面积8093平方米，展陈面积3818平方米，集研究、收藏、展览、展示、科普教育、文化交流于一体，现有展品1000余件，介绍了周口店遗址的发现、发掘、研究和保护。1981年，周口店北京猿人遗址被列入《世界遗产名录》。

16

丰碑不朽

李大钊烈士陵园　程博

北京香山脚下的李大钊烈士陵园中陈列着一块珍贵的墓碑，碑额上刻有象征中国共产党领导的五角红星，五角星内刻着代表工农的镰刀和锤头，碑身正面镌刻“中华革命领袖李大钊同志之墓”13 个红漆大字，背面书 299 字的红色碑文，记述了李大钊烈士的革命功绩和高风亮节，表达了人民群众的深切悼念与缅怀，落款为北平市民革命各团体，时间是 1933 年 4 月 23 日。

众所周知，李大钊烈士是在 1927 年英勇就义的，这块墓碑的落款时间为什么却是 1933 年呢？这要从李大钊的人生历程和 20 世纪初残酷的政治环境说起。

1889 年，李大钊出生，当时正值国家和民族危亡之际。李大钊身世凄苦、父母早亡，因此他从小养成了执着、坚韧的性格。

李大钊烈士夫妇原墓址

青年时期的李大钊赴海外求学，后办报救国，参与领导新文化运动和五四运动，是中国共产主义运动的先驱。他的夫人赵纫兰本是一位传统的中国女性，但她支持丈夫的革命事业，两人聚少离多，一路走来非常不易。

1927 年 4 月 6 日，李大钊被反动军阀逮捕入狱。不久，被秘密杀害于京师看守所内，时年 38 岁。由于反动势力的百般阻挠和迫害，他的遗孀及子女被迫离开北京，他的灵柩也迟迟不能下葬，一直在宣武门外的浙寺中停放。

中共地下党组织为李大钊镌刻的墓碑（背面）

直到 6 年后，李大钊的家人历经艰难才得以重返北京，筹划安葬事宜。中共地下党组织得知消息后，决定为李大钊搞一次群众性的悼念活动，通过公葬来揭露反动派残杀共产党人的暴行，伸张革命正义。墓碑就是在那时由党组织派人秘密刻制的。

1933 年 4 月 23 日，李大钊公葬仪式举行，大批学生、工人、市民群众在反动派的白色恐怖下毅然参加葬礼。队伍自浙寺出发，经菜市口，进宣武门，穿西四牌楼，再出西直门至万安公墓。一路上，送葬的队伍一眼望不到头，花圈、挽联白茫茫一片，口号声、抽泣声此起彼伏，气氛凝重悲壮。

当送葬队伍行进到西四北大街时，不知从哪儿冒出一辆骡车，紧跟着送葬人群前行。车上铺着几件破棉衣，还放着花圈、挽联，没有人注意车上还拉着其他东西。骡车一直跟到西直门，出城后加快了速度，直奔万安公墓而去。这辆骡车其实是党组织秘密雇用的，冒险运送的就是李大钊的墓碑。

黄昏时分，骡车抵达万安公墓。赵纫兰才见到这块格外珍贵的墓碑，满心欣慰与感动。但是，在那腥风血雨的年代，这块带着对烈士无限景仰与哀思的墓碑无法公开竖立在李大钊墓前，只能与烈士同埋于地下，而刻碑、运碑的秘密也一同被尘封起来。

1983 年，李大钊烈士陵园落成并对外开放。在为烈士迁移灵柩时，于原墓址棺柩上方发现了这块墓碑。由此，这块埋藏了半个世纪的墓碑得以重见天日，成为李大钊烈士陵园最重要的革命文物。

墓碑无言胜有言，它凝聚了人们对李大钊革命思想、崇高精神、伟大人格的敬重与钦佩。先烈身已殁，革命花正开！李大钊烈士永远是共产党人学习的楷模和榜样，是中华民族一座不朽的精神丰碑。

李大钊烈士陵园

李大钊烈士陵园坐落在北京市海淀区万安里 1 号，1983 年 10 月 29 日对外开放，为全国爱国主义教育示范基地、全国红色旅游经典景区、全国重点烈士纪念建筑物保护单位。陵园占地 2200 平方米，园内有李大钊烈士汉白玉雕像、李大钊烈士夫妇墓、李大钊烈士纪念碑及李大钊烈士革命事迹陈列室，并设有固定展陈《不朽的功勋——李大钊生平事迹展》。

17

从废墟中抢救出的珍贵印刷机

中国印刷博物馆　倪春侠

在中国印刷博物馆中有一件“镇馆之宝”，是一台 1929 年制造的手扳式印刷机。这台印刷机在众多馆藏藏品中既不是年代最早的，也不是体量最大的，看上去非常朴实、低调。可是，它却是在战火的废墟中抢救出来的。一篇印在教科书封底的《复业启事》与它颇有渊源。

《复业启事》的题目是“为国难而牺牲，为文化而奋斗”。文中写道：“……敝馆自维三十六年来对于吾国文化之促进、教育之发展，不无相当之贡献，若因此顿挫，则不特无以副全国人士属望之殷，亦且贻我中华

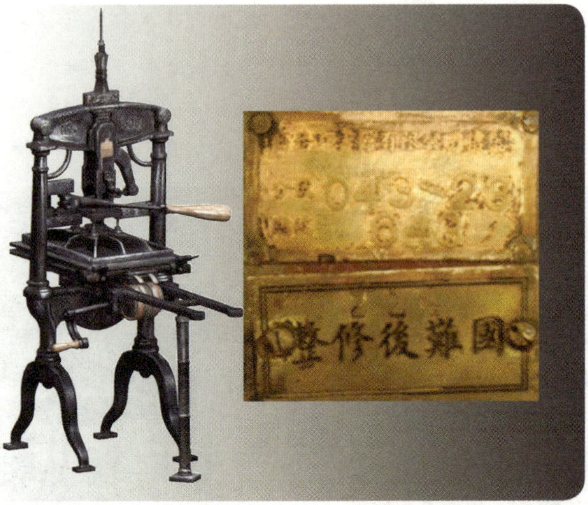

商务印书馆从废墟中抢救出来的手扳式印刷机

民族一蹶不振之诮……”商务印书馆发表声明表示，虽然社会环境受到重创，但其深感自身责任重大，决定于该年 8 月 1 日先恢复上海发行所的业务，等环境转好，再恢复过去规模，希望能为时人提供精神食粮，为中国的文化教育贡献力量。全文虽然只有短短百余字，却道出了当时出版人的心声，并随着教科书一起进入千家万户，进入千千万万国人的心中。为什么教科书上要印这样一段话？让时间回到 1932 年年初。

当时，位于上海的商务印书馆是全国最大的出版机构，并拥有当时亚洲最大的图书馆——东方图书馆，馆内藏有编目古籍 29713 册，以及刚从扬州等地购入尚未编目的古籍 40000 册。但这一切却随着战火毁于一旦。1932 年 1 月 28 日，日军入侵上海，“一 · 二八”事变爆发。当时，日本海军陆战队司令盐泽幸一制订了焚毁商务印书馆的险恶计划。1 月 29 日上午，日本海军陆战队出动 6 架飞机实施轰炸，商务印书馆印刷工厂等很快被大火吞噬，印刷机器全部毁坏，焚烧的纸灰飞达十多里外。许多工人不顾个人安危，奋力扑救，但亦无济于事。三天后，日本浪人潜入未被殃及的商务印书馆所属的东方图书馆纵火，熊熊烈火吞噬了全部藏书。

商务印书馆并没有因为重创而倒下，商务人上下一心，抵御强暴，抗拒横逆。董事会提出“为国难而牺牲，为文化而奋斗”的口号，着手修复这台从废墟中抢救出来的印刷机，筹备恢复生产。

乌黑的机器见证了商务印书馆人的铮铮铁骨和不屈热血，机身上“国难后修整”的铜质铭牌更时刻提醒着国人勿忘国耻！

众志成城，仅仅半年时间，商务印书馆就恢复了生产，并公开向社会承诺：自 10 月 1 日起，日出新书一种，并恢复教科书出版，冠名为“复兴版”。于是，在每本教科书的封底都刊载着这篇战斗檄文——《复业启事》。复业当天，“为国难而牺牲，为文化而奋斗”的标语悬挂于上海河南路的发行所，路人无不为之动容。当时《纽约时报》评论商务印书馆“为苦难的中国提供书本，而非子弹”。

商务印书馆这套“复兴版”教科书产生于国家危亡之际，在内容上别具一格，它提醒国人“勿忘国耻”“共赴国难”，明确抗战救亡的全民族性和正义性，不仅注重儿童体格、经济、政治的综合训练及能力培养，还十分注重历史上的爱国人物及爱国事件的选择，通过他们表现出无所畏惧的坚定意志和卧薪尝胆的奋发精神，以说明中华民族优良的爱国传统。

“复兴版”教科书成为 20 世纪中国教科书史上编辑校订人数最多、出版种类最多、经历课程标准最多的教科书，一直使用至新中国成立初期，被誉为“民国教科书发展史上一座里程碑式的山峰”，也是中国教科书史上唯一一本以“复兴”命名的教科书。而挂有“国难后修整”铜牌的这台印刷机，见证了商务印刷馆在那个战火纷飞的年代“为国难而牺牲，为文化而奋斗”的商务精神。

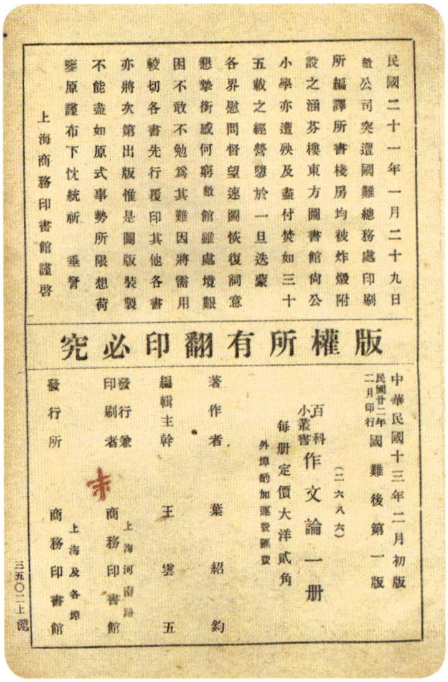
民國二十一年一月二十九日敝公司突遭國難總務處印刷所編譯所書棧房均被炸燬附設之涵芬樓東方圖書館尚公小學亦遭殃及盡付焚如三十五載之經營隳於一旦迭蒙各界慰問督望速圖恢復詞意懇摯銜感何窮敝館雖處境艱困不敢不勉爲其難因將需用較切各書先行覆印其他各書亦將次第出版惟是圖版裝製不能盡如原式事勢所限想荷鑒原謹布下忱統祈　垂督

上海商務印書館謹啓

版權所有翻印必究

中華民國十三年二月初版
民國廿二年二月印行　國難後第一版

（二六八六）
百科小叢書　作文論一冊
每冊定價大洋貳角
外埠酌加運費匯費

著作者　葉紹鈞
編輯主幹　王雲五
發行兼印刷者　上海河南路　商務印書館
發行所　上海及各埠　商務印書館

三五〇二上

百科小叢書
作文論
葉紹鈞著
王雲五主編
商務印書館發行

“复兴版”教科书，中国教科书史上唯一以“复兴”命名的教科书

如今，看完这部经历了战火洗礼的印刷机的故事，想到它印出的一册册洋溢着家国情怀的图书，你是否也感受到一种沉甸甸的使命呢?!

中国印刷博物馆

中国印刷博物馆是目前世界上规模最大的印刷专业博物馆，是反映人类印刷出版文化和中国典籍记载传承工艺的知识殿堂，1996年6月1日正式对外开放。博物馆全面展示了中国印刷术的起源、发明和发展过程。馆内设有古代印刷展、近现代印刷展、印刷设备展、数字展及临时展等展厅，观众在此可以鉴赏到闻名于世的唐代卷轴装《金刚经》、南宋精刻本《春秋经传》、元代王祯发明的转轮排字盘、商务印书馆从废墟中抢救出来的手扳式印刷机和晋察冀日报社使用的马背上的印刷机等。博物馆还设有互动体验区，观众可以在此体验古法造纸工艺和雕版活字印刷工艺流程。

18

用布制币，一招成功打破经济封锁

北京市古代钱币展览馆　顾莹

在北京市古代钱币展览馆中收藏有一种特殊的货币——川陕革命根据地的布币。众所周知，中国是世界上最早使用货币的国家之一，使用货币的历史长达五千年之久。在林林总总、门类众多的钱币品种中，红色政权货币作为一种艺术品和文物，在收藏领域日益受到人们的青睐。红色政权货币发行使用的时间虽然只有短短的 20 余年，但它诞生于硝烟弥漫的战争年代，见证了中国共产党发展经济的光辉历程。

1934 年，地处大巴山区的红军川陕根据地流传着一首民谣，描绘家家户户采购年货的热闹场景："一块银圆买年猪，铜钱拿来买汤圆，一串纸币买鞭炮，两张布币买对联。"从民谣中我们可以得知，当时川陕根据地发行的货币，除了常见的银币、铜币与纸币，还有一种"布币"，也就是用布做的"钱"。为什么会用布来印制货币呢？原来，川陕根据地自创建以来就一直处于敌人的包围和反复"围剿"中，物资匮乏，技术设备严重不足。面对这样的现实条件，川陕省苏维埃政府工农银行因地制宜、就地取材，以当地特产的白竹布为原料印制出布币。

布币是什么样子呢？它是一种竖版货币，长边约 15 厘米，短边约 8 厘米，票面标明发行单位是川陕省苏维埃政府工农银行，发行时间为 1933 年。布币的版面设计突出革命特征——正面最上端印有"全世界无产阶级联合起来"的字样，票面中央是象征工农团结的锤子与镰刀，上面叠放着五角星与拳头，体现出无产阶级政权的革命决心；背面是代表工人阶级的齿轮纹样。据说这些纹样都是用黑色油墨石版印制的。现存布币的面值有“贰串”和“叁串”，“串”是什么意思呢？原来，当时川陕根据地发行的货币有“元”“文”和“串”三种面值单位，1 串相当于面值 1000 文的铜圆。不要小瞧这些用布做的“钱”，当年在打破敌人经济封锁、改善民生、保障革命战争胜利的过程中，它们发挥了重要作用呢！

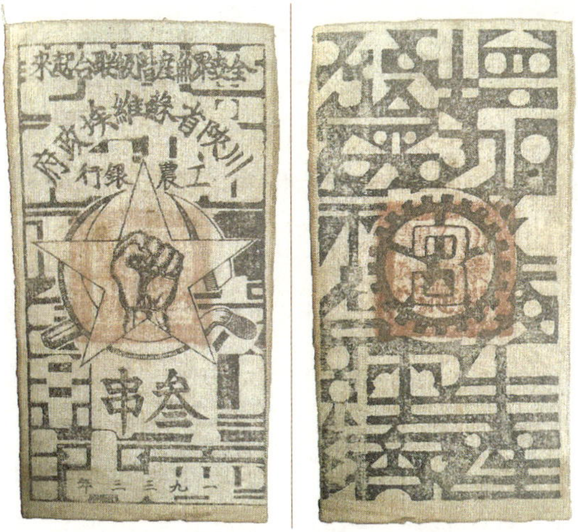

川陕省苏维埃政府工农银行发行的叁串布币

时间回到 1932 年 10 月。当时中国工农红军第四方面军刚刚转移到川陕边界地区，相继解放了四川通江、南江、巴中三个县①，随后创建了面积约 4.2 万平方千米、人口约 600 万的全国第二大苏区——川陕革命根据地。1933 年 2 月川陕省苏维埃政府成立后，为建立稳定的金融体系，解决百姓的生活问题，苏维埃政府积极筹建银行。

1933 年 12 月 4 日，川陕省苏维埃政府工农银行正式成立，总行设在通江县得汉城（今四川省巴中市通江县永安镇）。川陕省苏维埃政府工农银行成立后，依照《川陕省苏维埃临时组织法大纲》制造了苏维埃货币，简称“苏币”，其中布币就是“苏币”的一种。为了保证“苏币”的顺利发行和使用，维护“苏币”的信用，川陕省苏维埃政府还颁布了《银行营业条例》，规定商人不能拒绝使用“苏币”，使得“苏币”的信誉大幅提升。“苏币”发行后，川陕根据地内物价基本平稳，苏维埃政府的金融体系基本建立。为此，根据地人民还编唱民谣，表达翻身做主的喜悦：“今年不比往常年，穷人过年都有钱，各色货币新崭崭，镰刀斧头架上面。”“左

① 1993 年 10 月，通江、南江、巴中、平昌四县从达县地区分离出来，成立巴中地区。2000 年 12 月，改巴中地区为巴中市。

边贴：户户迎红军，右边贴：家家乐共产。过年礼品都买齐，荷包还有压岁钱。”至 1934 年夏，“苏币”在商品流通中占据主导地位。

其实，像川陕根据地这样关于“苏币”的故事还有很多。新中国成立前，中国共产党领导的革命政权在各个时期、各个根据地印制和发行了各式各样的红色政权货币。据不完全统计，从 1926 年 10 月湖南省衡山县柴山洲特区第一农民银行发行的壹元布质货币开始，红色政权先后建立的货币发行机构超过 404 个，发行的货币包括 7 种材质，达 514 种之多。这些货币不仅是中国共产党在革命根据地创建时期艰苦奋斗的实物见证，也记录了中国共产党在领导中国人民进行革命的伟大进程中，金融事业从无到有、从弱到强、不断发展的历程。如今，当我们再次讲起这一张张斑驳的布币的故事，更加敬佩老一辈金融工作者的智慧和创新能力，更加感谢他们在极端艰苦的条件下为根据地的发展壮大所做出的重大贡献。

北京市古代钱币展览馆

北京市古代钱币展览馆于 1993 年成立，坐落于北京市北二环中路的德胜门箭楼下，馆内常设展览面积约 1000 平方米，包含《中华货币四千年》《流连方寸间——中国古代民俗钱币展》和《德胜门军事城防文化展》三个基本陈列。德胜门箭楼现为全国重点文物保护单位。

19

词情画意中的伟大转折点

中国美术馆　朱剑

油画《而今迈步从头越》由著名画家沈尧伊1976年创作，现藏于中国美术馆，表现的是毛泽东诗词《忆秦娥·娄山关》的意境。词和画本属于不同的艺术形式，但画家却将词的意境恰如其分地转变为视觉传达了出来。

娄山关位于贵州遵义城北娄山的最高峰，是防守贵州北部重镇遵义的要冲，此处重崖叠峰，峭壁绝立，自古被称为“黔北第一险隘”。

1935年2月25日凌晨，在红三军团军团长彭德怀的指挥下，红军与扼守娄山关的贵州军阀王家烈部展开激战，取得遵义会议之后的首次大

油画作品《而今迈步从头越》

捷。2月28日傍晚时分，毛泽东随中央军委纵队登上娄山关，他望着茫茫青山，夕阳的光华赤色如血，感慨万千，吟成著名的《忆秦娥·娄山关》。

> 西风烈，长空雁叫霜晨月。霜晨月，马蹄声碎，喇叭声咽。雄关漫道真如铁，而今迈步从头越。从头越，苍山如海，残阳如血。

众所周知，诗词是时间的艺术，擅长表现时间中的延展过程；而绘画是空间的艺术，只能表现一刹那间的物态和景象。所以，如果想通过绘画来表达诗词的内容，需要画家更多地通过人物动作乃至赋予更多视觉元素以丰富蕴含。

画家沈尧伊深谙文学叙事与绘画叙事的不同之处，也真正理解了《忆秦娥·娄山关》这首词写作的前因后果和内在精神。他经过深思熟虑，在创作时充分发挥了绘画特有的叙事优势，选择词中的“而今迈步从头越”作为呈现点，并为主要人物设计了具有伟大转折意味的动作和场景，最大程度反映了当时的革命形势和人物心态。

画面中的主要人物无疑是位于视觉中心的毛泽东。画家表现了他到达娄山关山顶时，一边叉腰执烟，一边还保持着举大步攀登的姿势，点明了“迈步”和“从头越”的题眼。画面中的毛泽东神情从容，目光坚定，凝视前方，若有所思，同时也似乎正在倾听身后战士的汇报，身上的大衣被山风吹起，愈加显得意气风发。毛泽东的这一动作极富动感，不仅能让观众联想到他登山的过程，还能看到他与周围人的互动关系，更能从他的动作与神态中感受其丰富的内心世界，从而生动地诠释了在红军面前所有困难和艰险都不足为惧的豪迈情怀。

作品中的其他诸多表现对象和表现方法也无不体现了画家在图像叙事方面的匠心。画面上的朱德与绝大多数战士都望向毛泽东或与毛泽东的视线相同，寓意与领袖同心同德。但周恩来的视线却设计得格外巧妙——他望向画外，目光睿智，面带微笑，与观众对视，似乎在邀请观众一起感受这种胜利的氛围和对未来的信心。画面左下角，画家描绘了一位在娄山关界碑与一挺机枪旁正发电报的女战士，象征着胜利果实的确凿与胜利信息的传递。远处的红军队伍蜿蜒行进于山路之上，旗帜在西风中飘扬，被夕阳映得格外鲜红。毛泽东等人的身后，连绵起伏的山脉莽莽苍苍，如血的晚霞染红了天际，染红了云雾，也为领袖和将士们的脸庞罩上了一层神采飞扬的红光。

面对此壮丽图景，观众不由想到正是这支伟大的革命队伍踏破险阻的坚强决心和无畏勇气，才让“雄关”变成通途，而毛泽东吟出的“从头越”中所凝结的奋发突破之情也跃然眼前。

如今，再次欣赏这件40多年前创作的作品时，人们依然能够体会到画面中那股行神如空、行气如虹的磅礴气势，也依然能感受到老一辈革命者在困境中所表现出的乐观、旷达与自信。

中国美术馆

中国美术馆位于北京市东城区五四大街1号，始建于1958年，1963年由毛泽东主席题写“中国美术馆”馆额并正式开放，是新中国成立后的国家文化标志性建筑。美术馆现占地面积25400平方米，主楼建筑面积18000多平方米。1至6层楼共有21个展览厅，展览总面积6660平方米。建筑周边还有3000平方米的展示雕塑园。馆内现收藏各类美术作品12万余件，从古代到当代，各时期的中国艺术名家代表作品构成中国美术发展序列，兼有外国艺术作品，同时也包括丰富的民间美术作品。中国美术馆集展览、收藏、研究、公共教育、国际交流、艺术品修复和文创产业于一体，是中国美术最高殿堂，也是公共文化服务平台。中国美术馆隶属于文化和旅游部，对公众免费开放。

20

英雄母亲邓玉芬的煎饼鏊子

中国人民抗日战争纪念馆　宫霖

在中国人民抗日战争纪念馆的展厅里陈列着一个圆形的锈迹斑斑的器物，叫作煎饼鏊子。在这件农村常见厨具的背后，却有着一段感人至深的故事。

邓玉芳的煎饼鏊子

抗日战争时期，中华儿女为中华民族独立和自由解放，不惜抛头颅、洒热血。其间，母亲送儿打日寇，妻子送郎上战场，可谓男女老少齐动员，在他们之中有一位杰出的代表——邓玉芬，北京密云县（今密云区）人。1933 年长城抗战失败后，日本侵略者把邓玉芬的家乡强行划入伪满洲国。

1940 年 4 月，八路军在密云西部山区开辟了敌后抗日根据地，邓玉芬终于看到了希望。她回家和丈夫商量："咱没钱没枪，可是咱家有人。"于是，她把丈夫和 5 个儿子先后送上前线。

1942 年，驻北平日军开始疯狂地对密云山区进行"扫荡"，邓玉芬的家成为八路军伤员的住所。"慈母手中线，游子身上衣"，自己的儿子在前线奋战，邓玉芬就把这些伤员当成自己的孩子来照顾，为他们烧水做饭、缝补衣物、喂汤喂药。看着八路军伤病员憔悴的面容，邓玉芬的心像被针扎了一样难受。为了给大家改善生活，她将粗粮细作，找来煎饼鏊子，将仅有的粮食做成煎饼给伤员们吃。

这种煎饼鏊子，当地人又称“米黄钵钵”，用铸铁制成，圆形圈足，中心稍稍凸起，还配有一个大小相宜的盖子。就是这样一个制作简陋的煎饼鏊子，在邓玉芬的巧手中，为八路军伤员提供了可口的煎饼。伤员们的伙食改善了，邓玉芬却始终以粗糠、野菜充饥。经过邓玉芬的悉心照料，一个又一个八路军伤病员康复了，他们重新走上战场抗击日本侵略者。然而，邓玉芬却背负着常人难以承受的痛苦，她的丈夫和 5 个孩子牺牲的噩耗接踵而至，作为妻子、母亲，她悲痛欲绝。但一个接一个的不幸并没有压倒这位坚强的母亲，她化悲痛为力量，更加坚定了抗日的决心。她对八路军战士更亲了，在她的心里，每个八路军战士都是她的孩子，都是她的希望。

1970 年，79 岁的邓妈妈辞世。虽然她一辈子都不会写“共产党”三个字，但她明白，共产党打天下为的是老百姓，为的是全中国的劳动人民。

如今，邓玉芬当年使用过的煎饼鏊子静静地躺在中国人民抗日战争纪念馆的展厅里，它是八路军与人民群众鱼水情深的历史见证，也是全民族抗战的珍贵文物。它代表着每一个中国人对人民革命的伟大贡献，代表着抗日战争中一大批像邓玉芬这样的英雄母亲，她们为后人留下了宝贵的精神财富，永远值得学习和纪念。

中国人民抗日战争纪念馆

中国人民抗日战争纪念馆位于北京市丰台区卢沟桥宛平城内，是全国唯一一座全面反映中国人民伟大抗日战争历史的大型综合性专题纪念馆，国家一级博物馆，全国爱国主义教育示范基地，国防教育基地，第一批全国廉政教育基地、全国红色旅游经典景区，全国学雷锋活动示范点，海峡两岸交流基地，第一批国家级抗战纪念设施、遗址，也是国际二战博物馆协会、中国抗日战争史学会秘书处所在地，中国博物馆协会纪念馆专业委员会主任委员单位，肩负传播抗战历史、弘扬抗战精神、开展和平教育的崇高使命。

21

青史先烈写，红旗后人擎

——一方墨盒背后的故事

平北抗日战争纪念馆　夏霖

在平北抗日战争纪念馆的馆藏中有一方外观极其普通的墨盒，墨盒的主人是抗日战争期间平北抗日根据地昌延联合县①第一任县长胡瑛，胡瑛曾用它写过县政府的布告。

胡瑛，湖北人，1911 年生，1933 年投身革命，参加了工农红军，1934 年加入中国共产党，参加过中央苏区第四次、第五次反“围剿”斗争，曾任红军排长、连长、营长。七七事变爆发后，胡瑛由部队转入地方工作。1940 年年初，作为平北根据地重要组成部分的昌延联合县政府在延庆东南的霹破石村成立，29 岁的胡瑛被任命为县长。胡瑛到任后，坚决执行平北工委的决定，立即带领干部深入各村了解情况。

胡瑛的墨盒

根据地的生活异常艰苦，胡瑛始终同人民群众同甘苦、共患难，有时一天也吃不上一顿饭。在三四个月的时间内，他几乎走遍了昌延县的各个村庄，使根据地不断巩固和扩大，共发展党员 200 余名，提拔了一批当地干部，50

① 抗日战争期间在平北抗日根据地建立的政区。1940 年设置，包括昌平（今昌平区）、延庆（今延庆区）两县交界的部分地区。1945 年撤消。

余个村建立了村政权及抗日武装。在主力部队的配合下，抗日武装四处打击敌人，昌延县很快成为平北地区一块巩固的根据地。1940 年 5 月底，日伪军集中了 5000 多兵力对昌延地区进行了 3 个月的大“扫荡”。县区干部白天随部队活动，晚上出山筹粮筹款，常常因弄不到粮食不得不以野菜充饥，昌延地区抗日斗争进入最困难时期。

几个月的翻山越岭，忍饥挨饿，胡瑛的胃病更加严重，有时饥饿甚至折磨得他浑身虚汗，脸色苍白，但他始终关心着其他同志。一次他把仅有的一碗玉米粥和一碗野菜留给了同志们，还风趣地对缴获两把匣子枪的同志说：“来，你俩有功，每人奖励半碗粥、半碗野菜。”当时，胡瑛本可以随部队转移，但他却表示自己不能走，作为一县之长，离开了就是失职。面对残酷的环境和重重困难，胡瑛始终坚守在工作岗位上，并以高昂的斗志鼓舞着战友。他说：“干革命就不怕困难，有昌延人民的支持，我们一定能够战胜日本侵略者。”

1940 年 8 月 27 日晚，胡瑛和昌延县县委书记徐智甫等在窑湾黄土梁王金喜家研究如何开展工作，一直谈到快天亮。第二天早晨，还未来得及转移，两人就被驻永宁的百余名日伪军包围。刚刚休息的胡瑛被外面的动静惊醒后马上出屋，转身就朝西南方向的山上跑。当他跑到半山腰时，不幸腿部中弹。敌人妄想抓活的，一窝蜂地冲了上来，胡瑛举枪就打，击毙了两个日伪军。敌人无法靠近，子弹向他射来，胡瑛当场壮烈牺牲。

胡瑛的生命永远定格在 29 岁。胡瑛生前没有留下任何影像资料，现藏于平北抗日战争纪念馆中的一幅油画，也是根据当年他身边工作人员的回忆绘制出来的。而馆藏的这个墨盒，是他保存下来的为数不多的一件遗物。

1984 年，延庆县（今延庆区）县委、县政府在胡瑛、徐智甫和通信员程永忠三位烈士牺牲的窑湾竖立起一座纪念碑。80 多年过去了，在窑湾村老人们的记忆中，那个圆圆脸、矮个子、皮肤黝黑的年轻人的样子仍然记忆犹新。

平北抗日烈士纪念园

平北抗日烈士纪念园占地面积2.4万平方米，由烈士纪念碑、纪念馆和专题馆三部分组成。2005年11月被命名为第三批全国爱国主义教育示范基地。2009年3月被批准为第五批全国重点烈士纪念建筑物保护单位。2014年9月入选第一批80处国家级抗战纪念设施、遗址名录。

平北抗日烈士纪念园主展馆——平北抗日战争纪念馆于1997年7月正式开放，原建筑面积550平方米。2007年6月开始改扩建，2011年正式对外开放。建筑面积达3000平方米，分为上下两层、9个部分，展示1933年3月至1945年9月平北军民反抗日军侵略的史实，是进行革命传统和爱国主义教育的重要基地。

22

老照片里的延安书香

中国印刷博物馆　孟祥涛

中国印刷博物馆除了藏有印刷设备、印刷成品，还藏有展现印刷历史的老照片。其中一张由外国记者拍摄于1937年的照片，照片中有16位少年在树荫下读书。这张照片背后隐含着一个激情燃烧岁月中的革命故事。

16位少年在树荫下读书的照片

1937年夏天，美国战地记者哈里森·福尔曼来到延安。在那里，他看到这样一幅场景，16位少年围在两张摆满报刊的木桌旁，他们或是站立，或是坐在凳上，或席地而坐，都在阅读报刊。他们背后是一面贴有海报的砖墙，旁边有一扇小门，小门上方挂着一块图书馆的牌子。福尔曼心有所动，立刻按下快门，记录下这个画面。

这张照片看似平常，却有不少值得诉说的故事。先说露出一角的图书馆牌子。1937年1月13日，中共中央从保安迁往延安。为满足军民阅读书刊的需要，在延安建立了以孙中山先生命名的中山图书馆。1937年5月，延安中山图书馆成立。照片中图书馆的牌子虽只露出一半，却也透露出照片的拍摄地点，解释了门前桌上摆放的各种报刊。值得一提的是，“中山图书馆”几个字是由毛泽东主席亲笔题写的。

照片中认真阅读的这些少年都是谁呢？七七事变爆发后，全国人民抗日热情空前高涨，延安成为指挥中国人民抗日的中心。“到陕北去”的召唤响彻中华大地。全国各地许多爱国志士和进步青年奔赴延安，照片中的16位少年便是其中的代表。仔细观看还会发现，少年们身后的墙上有一张毛泽东的照片。照片中的毛泽东头戴红星八角帽，神采奕奕。这张由美国记者埃德加·斯诺于1936年拍摄的照片，后来在国内外期刊、报纸、书籍和海报上广泛刊登，将毛泽东和中国工农红军的光辉形象传遍全世界。墙上还挂有中国历史图和多幅军事知识图。

我们再来看看桌上摆放的是哪些报刊呢？报纸以延安中央印刷厂印发的《新中华报》为主，期刊则有10余种，既有陕甘宁边区印刷的刊物，也有来自上海、武汉等地的进步刊物，包括《解放周刊》《生活星期刊》《文学大众》《文化》《学生呼声》等。其中《生活星期刊》特别醒目，不仅书桌上摆放着两期，有的少年手里捧读的也是，这份刊物是由“吾党的光荣”、出版家邹韬奋创办的。

一张老照片竟然蕴含了这么丰富的历史信息。观赏老照片，品读旧文物，仿佛让观众走近那段激动人心的岁月。穿越时空，红色文物在新时代依然熠熠生辉。

进步刊物《生活星期刊》《文学大众》的封面

23

一场没有硝烟的战争

——晋察冀边区银行成立始末

北京艺术博物馆　李蓓

北京艺术博物馆收藏有晋察冀边区银行发行的纸币，它见证着中国共产党在革命战争年代为巩固根据地，突破敌人的经济封锁，在金融领域领导的一场没有硝烟的战争——货币战争的故事。

晋察冀边区银行壹仟圆纸币（正面）

晋察冀边区银行壹仟圆纸币（背面）

抗日战争期间，中国共产党领导武装斗争的同时，也十分重视经济、金融工作，革命政权建立银行、发行货币，为根据地的经济发展提供了保障。晋察冀抗日根据地是中国共产党在抗日战争时期创建的第一个敌后抗日根据地。1938年1月，晋察冀边区军政民代表大会在河北省阜平县召开，晋察冀边区政府正式成立。根据地建立初期，边区内主要流通国民党法币和伪币，此外还有各种地方小票、杂钞等充斥市场，金融秩序十分混乱。为改变货币流通市场的混乱局面，活跃边区经济，晋察冀边区政府决定统一边区币制，打击日本侵略者扰乱华北金融市场的阴谋。于是，边区政府着手创办边区银行，统一币制，保护边区经济。晋察冀边区军政民代表大会通过了《边区为统制与建设经济得设立银行发行钞票决议案》。

1938年3月20日，晋察冀边区银行在山西省五台县石咀村正式成立，并设冀中、晋冀、冀察三个分行及各专区办事处。边区银行成立后的一项主要工作就是发行边区钞票，统一晋察冀边区三省币制。从1938年至1947年，晋察冀边区银行先后发行了贰拾枚、壹角、贰角、伍角、壹圆、贰圆、伍圆、拾圆、伍拾圆、壹佰圆、贰佰圆、伍佰圆、壹仟圆、贰仟圆、伍仟圆等15种不同面额50多种版别的纸币和期票、地方流通券等。边区银行货币的发行，为战胜日伪经济封锁，促进边区生产，活跃边区经济发挥了重要作用。

北京艺术博物馆馆藏的晋察冀边区银行壹仟圆纸币为1947年版。纸币长11.8厘米、宽4.7厘米，底色为黄色，图案为浅褐色，票面图案为亭子，正面上书“晋察冀边区银行”，下端为“中华民国三十六年”字样，正背两面用汉字、英文及阿拉伯数字标明面值。

在残酷的战争环境中，晋察冀边区银行被迫不断转移，先从石咀村迁至完县（今河北顺平县）杨家庄，后又辗转于阜平县、灵寿县、赵县双庙村等地，在艰苦的斗争环境中维护着根据地金融市场的稳定。1947年11月，石家庄解放，晋察冀边区和晋冀鲁豫边区完全连成一片。1948年5月，两个边区合并为华北解放区。7月，晋察冀边区银行和冀南银行合并，改称“华北银行”。1948年12月1日，在华北银行、北海银行和西北农民银行的基础上组建中国人民银行，总行设于石家庄市，并于成立之日开始发行人民币，为新中国的货币制度奠定了基础。

红色货币是中国共产党领导中国人民，在政治、经济、军事、金融等方面对敌斗争的产物，在打破敌人经济封锁、发展经济、改善民生、支援革命战争等方面发挥了重要作用。红色货币见证了波澜壮阔的新民主主义革命的历史，记录了中国人民不屈不挠的革命实践，是中国共产党领导人民艰苦斗争的重要佐证。

北京艺术博物馆

北京艺术博物馆隶属北京市文物局，是一座综合类博物馆。1987 年 8 月正式成立并对外开放，以弘扬古老中华艺术文明为宗旨，推动现当代艺术交流与发展。北京艺术博物馆馆址设在万寿寺古代建筑群内，占地近 4 万平方米，建筑面积 14000 平方米，为国家重点文物保护单位。

24

红岩

——共产党人的傲骨与精神

中国现代文学馆　贺同越

中国现代文学馆藏有小说《红岩》的手稿。红岩，本意是红色的岩石；红岩又是一个地名，在千千万万共产党人心中，红岩与井冈山、延安、西柏坡一样，是映照信仰和忠诚的镜子，是精神的故乡。小说《红岩》出版于 1961 年，是在罗广斌、杨益言等合著的革命回忆录《在烈火中永生》的基础上创作完成的一部长篇小说。

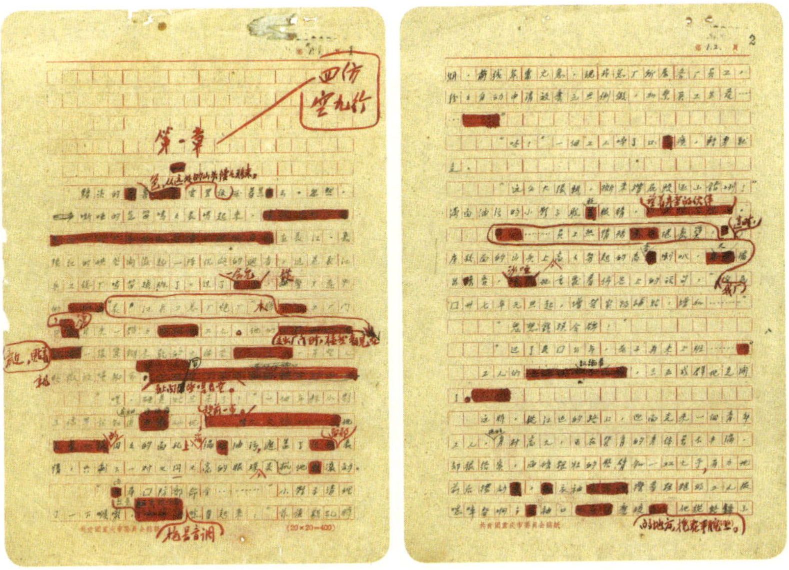

小说《红岩》手稿

罗广斌和杨益言都是在重庆解放前投身革命的共产党员，由于叛徒出卖，不幸被捕，1949 年 11 月 27 日在敌人大屠杀时从白公馆越狱脱险。在“中美合作所”，特别是在渣滓洞和白公馆，他们目睹了许多共产党人坚贞不屈、壮烈牺牲的场面，而他们自己也经历了生与死的考验。共产党人的忠诚坚贞、正义凛然、宁死不屈犹如烈火燃烧于他们心中，促使他们满怀激情地创作出这部长篇小说。

小说《红岩》以“红岩”为名原因有二：一是红岩村位于重庆市郊化龙桥附近，抗日战争时期，这里曾经是中共中央南方局和八路军驻重庆办事处所在地；二是“红岩”象征着革命者们在狱中坚持斗争、坚韧不拔的品格。

小说《红岩》作为一部红色经典作品，自出版以来影响巨大，其中塑造的江雪琴（江姐）、齐晓轩、许云峰等英雄群像深入人心。江姐是作者着力刻画的一个主要人物，她对党忠诚，对敌斗争顽强不屈。在赴华蓥山的途中，她看到城墙上悬挂着丈夫的头颅，悲痛欲绝，但她以坚强的革命意志和非凡的毅力克制自己的感情，化悲痛为力量，勇敢地担负起丈夫未竟的事业；在渣滓洞监狱，面对敌人的严刑拷打，她宁折不弯，不透露党的秘密，竹签钉入手指，她却傲然宣告：竹签是竹做的，共产党员的意志是钢铁铸成的；就义前，她平静地与战友们一一告别，梳理好头发，换上整洁的旗袍，从容走向刑场。

几十年来，《红岩》这部经典作品被一代又一代读者诵读，红岩精神同井冈山精神、长征精神、延安精神一样，都是中国共产党人和中华民族的宝贵精神财富。

中国现代文学馆

中国现代文学馆是国家级公益类博物馆，是目前世界上最大的文学博物馆，是北京市爱国主义教育基地。文学馆是中国现代文学的资料中心，集文学展览馆、文学图书馆、文学档案馆、文学理论研究和文学交流功能于一体。文学馆现有藏品 70 余万件，对著名作家捐赠的文学资料，建立了以其姓名命名的文库，目前已经建立的有巴金、冰心、唐弢、张天翼、周扬、俞平伯、丁玲、萧军、姚雪垠、萧乾等 100 余座文库。

25

跨界科学家的“行路难”

——李四光的音乐情

李四光纪念馆　赵曼

小提琴虽是西方乐器，但中国作曲家却以独特的东方审美创作出许多享誉世界的小提琴名曲，比如家喻户晓的《梁祝》。但很少有人知道，中国第一首小提琴独奏曲名为《行路难》，它创作于1920年，作曲者是著名地质学家李四光。

《行路难》曲谱

《行路难》是一份“无心插柳”却载入中国乐坛史册的曲谱。1990年，上海音乐学院教授陈聆群在著名音乐教育家萧友梅教授的遗物中发现了一份乐谱，眉端工整地写着曲名“行路难”，右上角写着李四光的原名“仲揆”二字，右侧空白处标记着“1920年正月作于巴黎”；曲谱背面写了5行19小节乐曲，应为曲谱草稿，注明创作时间为1919年11月20日，创作地点为巴黎，右上角还标注了李四光的英文名 J. S. Lee。经考证，《行路难》为中国第一首小提琴独奏曲，曲作者是李四光。于是，“科学家”“音乐家”这两个身份被一份曲谱联系到一起。李四光是在什么时候、以什么契机把这份乐谱交到萧友梅手中的呢？

《行路难》曲谱手稿

研究发现，李四光和萧友梅两位先生应是 1920 年在欧洲或归国途中相识的。回国后，李四光将这首小提琴独奏曲交给萧友梅，请他帮助校正。最终，《行路难》以“中国第一首小提琴独奏曲”的角色走进公众视野。正如曲名所述，李四光的一生又何尝不是“行路难”呢？

1889 年 10 月 26 日，李四光出生在湖北农村的一个贫寒家庭，此时的中国已沦为半殖民地半封建社会。在这样的社会环境中，李四光从小便立志要为祖国造出坚船利炮来抵御外敌。通过不懈努力，他 15 岁便获得公费留学日本的机会；16 岁时加入了同盟会，毕业回国后参加了辛亥革命。李四光接受了更多的民主思想，从一个普通的农村孩子转变为一名爱国主义战士。

辛亥革命失败后，李四光为寻求“科学救国”的道路，于1913年离开祖国，到英国伯明翰大学深造。最初，李四光选择的是采矿专业，因为他深知当时的中国缺乏钢铁，根本造不出船舰。但是在学了一年采矿专业后，他发现只会采矿不会找矿也不行，要想把打开国家宝藏的钥匙掌握在自己手里，就一定要从头学起，于是便转到地质学专业。正是在英国求学期间，李四光利用课余时间学会了拉小提琴。

1918年，而立之年的李四光获得自然科学硕士学位，准备学成回国开展地质调查工作，完成报效祖国的梦想。可几个月后，第一次世界大战宣告结束，中国作为战胜国，在巴黎和会上受到不公正待遇，激起中国人民极大的愤慨。满怀爱国热情的李四光在军阀混战、内忧外患、民不聊生的情势下，回国之路重重受阻，而且前路荆棘密布。1919年冬天，李四光草草写下了5行曲谱，抒发心中的愤郁之情，并于1920年2月完成了整首曲谱。同年，李四光在欧洲考察时，收到了蔡元培聘请他担任北京大学教授的邀请，他毅然放弃在国外发展的机会，踏上返回祖国之路。1921年1月，李四光开始在北京大学任教，为祖国培养地质科学人才。

《行路难》虽然曲调简单，但结构完整、层次清晰。乐曲的开头哀伤悠长，抒发了李四光对复杂社会局势的愤郁不平和对国家命运的担忧；乐曲的中间澎湃激昂，结尾又渐回平静，表现了李四光尽管内心苦闷挣扎，却仍对光明充满渴望与追求，坚守着为祖国奉献一切的勇毅决心。每个音符都流淌着李四光的爱国情；每段旋律都振奋着中华儿女的爱国魂。正如李白在诗中所写：“行路难，行路难。多歧路，今安在？长风破浪会有时，直挂云帆济沧海！”

26

双清别墅

——一处见证新中国诞生前夕的地方

北京市香山公园　郭唯

香山位于北京市西郊，元、明、清时期是皇家狩猎、避暑的地方。1949 年，香山迎来一批特殊的客人，从此香山与中国革命结下了不解之缘。

这些客人是谁呢？他们是中共中央机关和中国人民解放军总部。1949 年 3 月 25 日进驻北平后，他们将香山作为驻地，对外称“劳动大学”。

你可能会有疑问，中共中央进入北平后为何选择了偏远的香山落脚呢？其实，这是中共中央结合当时的形势谨慎考虑后做出的选择，主要有以下三个原因：一是便于防守。当时北平刚刚和平解放，敌情相当复杂，香山距离城区较远，又与西山相连，易于警卫，便于防控。二是便于调整管理方式。我党长期处于农村根据地，进城后客观上需要熟悉城市生活和管理方式。三是便于解决房屋困难问题。当时北平城内傅作义的行政机关还没有

双清别墅的大门

完全撤离，房屋较少且环境复杂，而当时香山有慈幼院3000多间房屋可供使用。基于这三点考虑，香山成为中共中央进入北平的第一站，而毛泽东主席就在香山的双清别墅办公居住。

双清别墅院子全景

从1949年3月25日到9月21日，毛主席一直居住在双清别墅，因此双清别墅也见证了新中国的诞生。

1949年4月下旬的一天，秘书兴冲冲地走来递给毛主席一张《进步日报》，说："报告主席，南京解放的捷报出来了。"毛主席接过报纸，坐在双清别墅的六角红亭里，认真地阅读起来。

钟山风雨起苍黄，百万雄师过大江。虎踞龙盘今胜昔，天翻地覆慨而慷。宜将剩勇追穷寇，不可沽名学霸王。天若有情天亦老，人间正道是沧桑。

这首著名的《七律·人民解放军占领南京》就诞生于此。

如今的香山，最为人们熟知的是秋天那漫山遍野的红叶。层林尽染，不仅见证了中国革命走向胜利的前夕，也见证了中国共产党带领人民百年的奋斗历程。百年恰似风华正茂，蓝图还待你我兼程。

香山公园

香山公园位于北京西郊，占地 188 公顷，是一座具有山林特色的皇家园林。香山主峰香炉峰，俗称“鬼见愁”，海拔 575 米。香山公园始建于金大定二十六年（1186 年），距今已有 800 多年的历史。早在元、明、清时期，皇家就在香山营建离宫别院，每逢夏秋时节，皇帝都要到此狩猎、纳凉。1956 年开辟为人民公园。香山公园树木繁多，森林覆盖率高达 96%，仅古树名木就有 5000 多株，占北京城区的四分之一。2001 年，香山公园被国家旅游局（现改为“文化和旅游部”）评为 AAAA 级景区。

27

真理的光辉，友谊的光芒

——一座雕塑背后的故事

中国美术馆　程阳阳

在中央编译局办公区的庭院里矗立着一座马克思、恩格斯的雕塑，它是全国政协常委、中国美术馆馆长、著名雕塑家吴为山应中共中央宣传部和中央编译局之邀创作的。“马克思和恩格斯的崇高友谊建立在伟大的共产主义理想事业上”一语道出这座雕塑的灵魂：马克思的坐姿和恩格斯的站姿形成一个稳定的三角形，象征着他们坚定的信念和坚不可摧的友谊。这座雕塑仿佛是一座丰碑——人类历史进程的里程碑。

马克思、恩格斯的雕塑

提到马克思，人们往往首先想到的是他对全人类的伟大贡献，他深刻的思想以及崇高的精神，却忽略了他也是一个有血有肉有情感的人，忽略了他成功的背后有一个不离不弃的朋友，一段长达一生的友谊。1844 年，青年马克思在巴黎认识了恩格斯，共同的信仰使彼此成为一生的朋友。

马克思一家生活艰苦，

常常靠典当维持生计，有时竟然连买邮票的钱都没有，但他仍然顽强地进行研究工作和革命活动。恩格斯为了支持马克思的生活，宁愿经营自己十分厌恶的商业，却把挣来的钱源源不断地寄给马克思。不仅仅是在生活中，在事业上他们更是互相关心、互相合作。马克思与恩格斯之间有很多为后人津津乐道的故事，事情虽小却都十分感人。1863 年年初，马克思一家已经到了一贫如洗的地步，恩格斯得知这个消息后迅速筹集了一笔钱，使马克思一家暂时渡过了难关。在恩格斯需要帮助的时候，马克思也同样毫不犹豫，竭尽全力。

不过，马克思与恩格斯之间的友谊也曾经历过一些小曲折。1863 年，恩格斯的妻子突然去世，恩格斯悲痛地将这件事写信告诉马克思，马克思的回信只说了一句平淡的慰问的话，却不合时宜地诉说了自己在经济上的窘境……生活折磨着马克思，使他忽略了对朋友不幸的关切。极度悲痛中的恩格斯收到这封信后不禁有点生气了。他们之间的友谊经历着考验。马克思并没有为自己辩护，而是做了认真的自我批评，他写信向恩格斯致以真诚的歉意。出于对朋友的了解和信赖，收到回信的恩格斯立即原谅了马克思，还寄去了一些钱以帮助马克思一家摆脱困境。马克思和恩格斯合作了 40 年之久，建立起深厚的友谊，共同创立了伟大的马克思主义理论。

吴为山的这件雕塑作品化抽象为具象、变无形为有形，入木三分地抓住了马克思、恩格斯两位伟人之间友谊的光芒所在，从冰冷的青铜中升华出一股温暖人心的永恒力量。

28

永远的纪念

——“独立自由勋章”雕塑落成记

中国人民抗日战争纪念馆　王朔辰

2014 年，中国人民抗日战争纪念馆前立起了一尊雕塑，它就是我们要讲述的故事的主角——“独立自由勋章”雕塑。

勋章是国家授予个人的至高荣誉。1955 年 2 月 12 日，第一届全国人民代表大会常务委员会第七次会议通过决议，将独立自由勋章授予中国人民解放军在抗日战争时期的有功人员。勋章分为三级，1955 年 9 月，朱德等 117 人被授予一级独立自由勋章，是第一批获得该勋章的人。1957 年，全国人大常委会再次举行授勋仪式，授予 196 人一级独立自由勋章、授予 4152 人二级独立自由勋章、授予 31098 人三级独立自由勋章。

独立自由勋章按级别分别用金、银、铜制作而成，均为八角形。勋章正面的中心图案为革命圣地延安的宝塔山，宝塔背后有流云纹饰，上方镌有一颗代表中国共产党的红色五角星，四周环镌祥云纹饰，象征在中国共产党的领导下中国人民抗日战争取得了最后的胜利；勋章背面刻有勋章名称、级别、年份、编号等字样，勋章整体设计严谨，图案壮观，制作精美。

2014 年 7 月 7 日，在纪念全民族抗战爆发 77 周年的纪念活动上，习近平总书记同两位抗战老战士和两名少年儿童共同为“独立自由勋章”雕塑揭幕。在庄严肃穆的乐曲的伴奏下，幕布缓缓拉开，“独立自由勋章”雕塑呈现在人们眼前。雕塑以独立自由勋章图案为主体，勋章前面和侧面

独立自由勋章分为一、二、三级

刻有祥云和和平鸽两种纹饰，象征着和平。其余三面采用黄河、长江、和平鸽、祥云图案，象征中华民族不屈不挠、向往和平的精神。雕塑周围配有 14 根刻有独立自由勋章图案的立柱，代表中国历经的 14 年抗战。雕塑上的独立自由勋章图案在阳光下熠熠生辉，同老战士胸前的勋章一起诉说着抗战的峥嵘岁月。

在中国人民抗日战争纪念馆设立“独立自由勋章”雕塑这一永久性纪念设施，就是要缅怀在争取民族独立和自由解放过程中英勇献身的烈士们，就是要纪念为追求和平正义做出重要贡献的人们，就是要更好地传承和弘扬中国人民为了追求和平正义、捍卫民族独立自由，不畏强暴、不怕牺牲的斗争精神。牢记历史、珍爱和平，勿忘国耻、圆梦中华。

29

愚公移山，砥砺向前

徐悲鸿纪念馆　马骏宁

徐悲鸿纪念馆珍藏着一幅名为《愚公移山》的油画作品，该作品创作于 1940 年，那是抗日战争最艰苦的时期，徐悲鸿先生在此时创作《愚公移山》，正是希望以形象生动的艺术语言表达抗日军民的决心和毅力，鼓舞人民大众争取抗战的最后胜利。

《愚公移山》油画作品

武汉、南京、广州等城市相继沦陷后，物资极度匮乏，徐悲鸿先生奔走于中国香港、新加坡等地，通过举办书画展募集资金，并将全部资金捐献给祖国，用以赈济灾民，救助烈士遗孤。1939 ~ 1940 年，应印度诗人泰戈尔之邀，徐悲鸿先生远赴印度举办画展。当时，运输线被日军封锁，为了打通中国与东南亚的通道，几十万中国军民凭借简陋的工具，在中缅边境的高山峡谷和原始森林中硬是凿出了一条公路——滇缅公路，帮助盟军运输抗日物资。听闻此事，徐悲鸿先生以中国古老的寓言故事为题材创作了这幅《愚公移山》。

作品突破性地以全裸体人物进行创作，展现了开山者的强健，体现了中国人民与困难顽强抗争的坚韧不拔的精神。同时，也让人感受到紧张劳作中那种坚定的意志。画面右下角画着一双孔武有力的脚掌，寓意众多的开山者；画面左侧的老翁似乎对下一代人诉说着自己的愿望和信心，描绘着对未来的美好憧憬。这幅画展出后产生了巨大的社会影响，身处民族解放斗争中的艰辛、对胜利的渴望，让蕴含在中国人血液中那种不怕牺牲、艰苦奋斗的精神沸腾，而作品本身的构思和人物的塑造也使它成为中国现代美术史上的非凡实践。

在抗日战争那段艰苦岁月里，全体中国人民像愚公一样不怕困难、砥砺向前，最终取得全民族抗战的伟大胜利。

30

小小纪念章，见证新中国建设史上的大飞跃

中国铁道博物馆　左什

中国铁道博物馆正阳门展馆内陈列着一枚珍贵的纪念章，这枚纪念章“身形”小巧，造型精致，工艺精良。它采用铜质镀金珐琅的传统工艺，上方镌有党徽，底部刻有铁路路徽，象征着丰收的麦穗及喜庆的飘带环绕在纪念章的两侧和底边，中间铸有“成渝铁路通车纪念”文字和通车日期“1952.7.1”。它就是专为纪念新中国铁路建设史上的第一个奇迹——成渝铁路的建成通车而制作的纪念章。它记录了新中国铁路从无到有，开启奋斗征程的历史时刻，也印刻了广大人民在中国共产党领导下忘我奋斗的足迹。

成渝铁路通车纪念章

自古以来，“蜀道难，难于上青天”。世代生活在川渝地区的人民一直渴望着能

够打通天堑，便利出行。早在20世纪初，四川人民为反对帝国主义掠夺中国铁路权益，成立官商合办铁路公司，力图以集股方式修建川汉铁路。1911年，清政府颁布“干线国有”，将收回的铁路再度出让给外国列强，这一政策随即遭到四川人民的强烈反对，爆发了轰轰烈烈的保路运动。然而历经近半个世纪，成渝铁路建设计划虽多次重启，却都落于纸上谈兵，四川百姓便利出行的梦想依旧遥远。新中国成立后不久，时任中共中央西南局书记的邓小平主持召开西南局常委办公会，决定兴建成渝铁路。报告随即得到党中央批准，建设成渝铁路成为社会主义新中国的重点工程。

然而，百废待兴，物资极度匮乏，建设一条地势如此险峻、施工难度如此巨大的干线铁路谈何容易？面对种种困难，人民团结一心，筑路大军闻令而动，积极投身铁路建设。缺少钢材，就从各方调集；缺少机车，外地立即支援；缺少枕木，人民踊跃捐献，社会主义集中力量办大事的制度优势迸发出强大的力量。正在这时，朝鲜战争爆发，筑路主力军北上参加抗美援朝，只能由招募的工人和民工接续筑路。如何管理多达10万人的民工队伍？成渝铁路还能如期完工吗？

在党的领导下，全体筑路员工团结一心，众志成城，逢山开路，遇水架桥，以惊人的速度提前完成了施工任务。1952年7月1日，成渝铁路全线建成通车，它既是献给党的生日的一份厚礼，也是西南人民走出崇山峻岭，奔向美好生活的新路。

如今，在一代代铁路人的不懈奋斗下，成渝地区已迈入高铁时代，时速350公里的成渝高铁使得成都、重庆两个城市间实现1小时公交化。跨越70载，从成渝铁路到成渝高铁，从“四纵四横”到“八纵八横”，彰显的是中国铁路技术的进步和综合国力的飞跃。

中国铁道博物馆

中国铁道博物馆是一家专门从事铁路文物收藏展示、宣传教育、科学研究的机构，是保护铁路文化遗产、传播铁路科技知识、宣传铁路建设成就、弘扬铁路先进文化的公益性场馆。中国铁道博物馆共有3个展馆。正阳门展馆位于东城区前门大街甲2号，是利用“京奉铁路正阳门东车站”遗址而建，建筑面积9485平方米。东郊展馆位于朝阳区酒仙桥北路一号院北侧，机车车辆展厅16500平方米，主要展示博物馆收藏的不同历史时期机车车辆共130余台。詹天佑纪念馆位于八达岭长城景区，以大量珍贵文史资料及詹天佑遗著、遗物和图片等，完整再现詹天佑为中国铁路事业奋斗的一生。

31

外国记者的延安记忆

——从一张泛黄的节目单说起

中国人民革命军事博物馆

中国人民革命军事博物馆珍藏着一张来自延安的节目单，泛黄的纸面上印着中英文对照的节目名。它虽略显陈旧，却完好无缺，可见捐赠它的主人对它珍重之至。节目单上，受邀人的名字依稀可辨：爱泼斯坦先生。这位外国友人怎么会来到延安？他跟中国革命又有怎样的缘分？这些还得从 1944 年说起。

1944 年 6 月 9 日，延安迎来了一批特殊的客人——中外记者西北参观团。参观团一行共 21 人，其中就有冈瑟·斯坦因和伊斯雷尔·爱泼斯坦。记者中的大多数人是第一次来延安，对这里的一切都感到十分新鲜。12 日清晨，记者们都收到了一张用浅红色纸张印制的请柬。他们早早地整理好行装，生怕错过这个难得的机会。下午 3 时多，记者们被带领到杨家岭中央大礼堂。参观团在延安停留了一个多月，参观了边区的机关、学校、生产部门，访问了边区的英雄模范人物、作家、艺术家以及各阶层知名人士。原来对解放区毫无了解的记者们看到了延安与重庆国民政府讲的截然不同的情况。

这些所见、所闻、所感给外国记者们留下了难以磨灭的印象，成为宣传中国共产党和抗日根据地的生动素材。回去后，他们以翔实的资料、活泼的笔法、热情的格调，撰写了大量专著和文章，将中国共产党和抗日根据地的真实情况宣传到大后方和世界上许多国家，打开了外界认识延安的

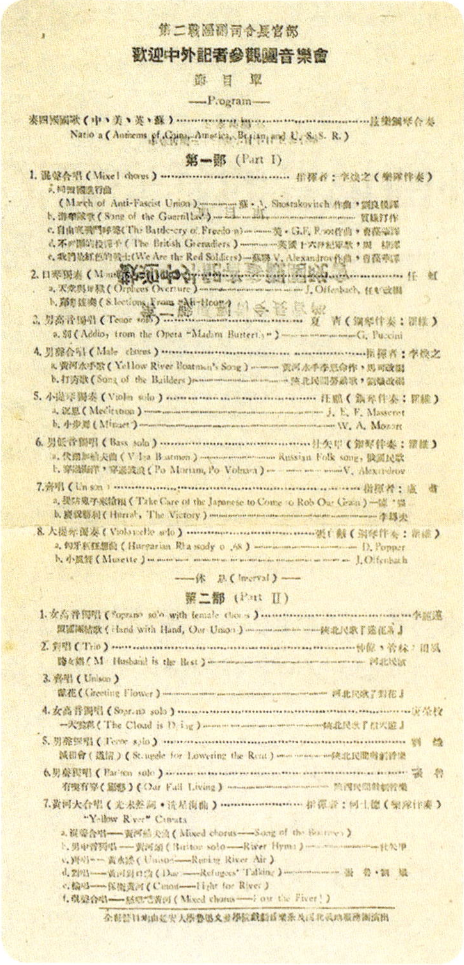

第二戰區副司令長官部
歡迎中外記者參觀團音樂會
節目單
—Program—

奏四國國歌（中、美、英、蘇）……………………………………弦樂鋼琴合奏
Natio a（Anthems of China, America, Britain and U. S. S. R.）

第一部（Part I）

1. 混聲合唱（Mixed chorus）……………………………指揮者：李煥之（樂隊伴奏）
a. 同盟國進行曲
（March of Anti-Fascist Union）————蘇·Shostakovitch 作曲，劉良模譯
b. 游擊隊歌（Song of the Guerrillas）————————賀綠汀作
c. 自由之戰鬥呼聲（The Battle-cry of Freedom）————美·G.F. Root作曲，曹葆華譯
d. 不列顛的投彈手（The British Grenadiers）————英國十六世紀軍歌，周 [illegible]譯
e. 我們是紅色的戰士（We Are the Red Soldiers）—蘇聯 V. Alexandrov作曲，曹葆華譯
2. 口琴獨奏（Mouth [illegible]）……………………………………任 虹
a. 天堂與地獄（Orpheus Overture）————————J. Offenbach, 任虹改編
b. [illegible]（Selections From "Mi-Hoo"）
3. 男高音獨唱（Tenor solo）……………………………夏 青（鋼琴伴奏：瞿維）
a. 別（Addio, from the Opera "Madam Butterfly"）————————G. Puccini
4. 男聲合唱（Male chorus）……………………………………指揮者：李煥之
a. 黃河水手歌（Yellow River Boatmen's Song）——黃河水手李思命作，馬可改編
b. 打夯歌（Song of the Builders）————————陝北民間勞動歌，劉熾改編
5. 小提琴獨奏（Violin solo）……………………………任虹（鋼琴伴奏：瞿維）
a. 沉思（Meditation）————————————J. E. F. Massenet
b. 小步舞（Minuet）————————————W. A. Mozart
6. 男低音獨唱（Bass solo）……………………………杜矢甲（鋼琴伴奏：瞿維）
a. 伏爾加船夫曲（Volga Boatmen）————Russian Folk song, 俄國民歌
b. [illegible]（Po MorIam, Po Volnam）————V. Alexandrov
7. 齊唱（Unison）……………………………………指揮者：盧 肅
a. 提防鬼子來搶糧（Take Care of the Japanese to Come to Rob Our Grain）—[illegible]
b. 慶祝勝利（Hurrah, The Victory）————————李焕之
8. 大提琴獨奏（Violoncello solo）……………………張貞黻（鋼琴伴奏：瞿維）
a. 匈牙利狂想曲（Hungarian Rhapsody op. 68）————————D. Popper
b. 小風笛（Musette）————————————J. Offenbach

——休 息（Interval）——

第二部（Part II）

1. 女高音獨唱（Soprano solo with female chorus）……………………………李麗蓮
邊區團結歌（Hand with Hand, Our Union）————陝北民歌『[illegible]』
2. 對唱（Trio）……………………………………………仲偉，若梯，田風
[illegible]（My Husband is the Best）————————河北民歌
3. 齊唱（Unison）
獻花（Greeting Flower）————————————河北民歌『對花』
4. 女高音獨唱（Soprano solo）……………………………………[illegible]
[illegible]（The Cloud is Dying）————————陝北民歌『[illegible]』
5. 男高音獨唱（Tenor solo）……………………………………劉 熾
減租會（選唱）（Struggle for Lowering the Rent）————陝北民間[illegible]
6. 男中音獨唱（Bariton solo）……………………………………[illegible]
有吃有穿（選唱）（Our Full Living）————————陝西民間[illegible]
7. 黃河大合唱（光未然詞·冼星海曲）……………指揮者：何士德（樂隊伴奏）
"Yellow River" Cantata
a. 混聲合唱——黃河船夫曲（Mixed chorus——Song of the Boatmen）
b. 男中音獨唱——黃河頌（Bariton solo——River Hymn）————杜矢甲
c. 齊唱——黃水謠（Unison——Raging River Air）
d. 對唱——黃河對口曲（Duet——Refugees' Talking）————[illegible]
e. 輪唱——保衛黃河（Canon——Fight for River）
f. 混聲合唱——怒吼吧黃河（Mixed chorus——Roar the River!）

全部節目均由延安大學魯迅文藝學院戲劇音樂系及[illegible]演出

1944 年 6 月，延安中外记者参观团
音乐会节目单

窗口。

爱泼斯坦的人生轨迹也因为这次延安之行而改变。他留在了中国，新中国成立后加入了中国国籍，后来又成为光荣的中国共产党党员。古稀之年，他回忆起早年经历时说："在中国的采访令我最难忘的是 1944 年初夏的延安之行，因为这是影响我一生的一次重要访问，我看到了中国的未来。"

透过这张发黄的节目单，那台在延安上演的气壮山河的节目仿佛呈现在观众眼前……

[素材来源：党建网、人民网、中国军网、中国文明网、中国人民军事革命纪念馆、北京市爱国主义教育基地融媒体传播平台“京华丹心”（排名不分先后）。]

中国人民革命军事博物馆

中国人民革命军事博物馆位于北京市复兴路 9 号，是中国首个综合类军事博物馆，建筑面积 15.9 万平方米，陈列面积近 6 万平方米。中国人民革命军事博物馆主要收藏、研究、陈列反映中国共产党领导的军事斗争历程和人民军队建设成

就，以及反映中华民族五千年军事历史和世界军事史的文物、实物、文献、资料；承担围绕党和国家及军队中心工作，举办各种专题性、时事性、纪念性展览的职能任务，是首批全国爱国主义教育基地和全国拥政爱民先进单位。

32

穿草鞋的银行家毛泽民

中国钱币博物馆　王纪洁

中国钱币博物馆收藏有一套中国土地革命时期中央苏区根据地使用的钞票。仔细观察不难发现，除纸币正面工整的印刷体之外还有两个漂亮的花体签名，名字的主人是中华苏维埃共和国国家银行首任行长毛泽民。

这套钞票由中华苏维埃共和国国家银行印制和发行，面额有壹圆、伍角、贰角、壹角、伍分五种。纸币的发行为巩固中央根据地、发展生产、粉碎敌人的军事“围剿”提供了物质基础，极大地鼓舞了根据地劳苦大众的革命斗志。

1931 年 11 月 7 日至 20 日，全国苏维埃第一次代表大会在江西瑞金召开，会议决定成立中华苏维埃共和国国家银行，在苏区发展自己的金融经

中华苏维埃共和国国家银行贰角纸币券（正、背面）

济。首任中华苏维埃共和国国家银行行长毛泽民的俄文签名也就印制在了这套钞票上。

1921年春，在大哥毛泽东的动员下，毛泽民走上革命道路。同年底，加入中国共产党。1922年11月，毛泽民受党组织指派到江西安源路矿从事工人运动。其间，他参与创办了安源路矿工人消费合作社。为弥补资金的不足，合作社决定在社员中招股发行股票，这是中国共产党历史上对股份制最早的探索。

1931年11月，中华苏维埃共和国第一次工农兵代表大会发布成立中华苏维埃共和国国家银行的决议。得益于拥有丰富的财务工作经验，毛泽民被指定为中华苏维埃共和国国家银行筹建负责人。然而，当时苏区的经济条件较为落后，组建起国家银行绝非易事。为了让国家银行尽快组建完成，每逢红军有重大作战任务，毛泽民都会亲自随部队到前方筹粮筹款，成效斐然。

建立起中华苏维埃共和国国家银行，就要发行自己的货币。但是在国民党的封锁下，印制纸币必备的铜版、专用纸张、油墨等物品无法运到苏区。于是，毛泽民就向当地有造纸、制墨经验的群众学习，就地取材，很快解决了纸张、油墨短缺问题。

1932年7月，中央苏区统一印制的纸币——中华苏维埃共和国国家银行银币券正式发行，该纸币又称“苏维埃国币”。到1932年年底，中华苏维埃共和国国家银行共印制、发行货币65万元，在苏区顺利流通。为阻止国民党政府和地方军阀对苏区金融秩序的破坏，毛泽民还用将羊毛掺进纸浆的办法防止纸币造假，有效维护了中华苏维埃共和国国家纸币的信誉和币值稳定。在土地革命时期的艰苦条件下，毛泽民一步一个脚印地办好中华苏维埃共和国国家银行，维护了中共苏区的金融秩序，成为一名不折不扣的银行家。中国钱币博物馆收藏的这套印有毛泽民俄文签名的钞票也成为优秀共产党人不怕艰难困苦、勇于拼搏精神的见证。

中国钱币博物馆

中国钱币博物馆成立于1992年，位于北京市西城区西交民巷17号院。博物馆拥有丰富的藏品，主要从事古代、近现代货币及银行史相关实物的收藏、陈列和研究。2021年被命名为全国爱国主义教育示范基地。

33

废纸堆中拣出的《共产党宣言》

首都博物馆　刘萍

首都博物馆收藏有一本珍贵的中文译本《共产党宣言》，这是一本又薄又旧、装订简陋的书籍，它看上去普普通通，但是却异常珍贵。它就是由陈望道翻译、1920 年在中国第一次出版发行的中文译本《共产党宣言》。由于年代久远，书页已泛黄褪色，封面图像也有些模糊，而且不知是何原因，书名还被印错。

1920 年 8 月出版的《共产党宣言》中文全译本

1920 年 9 月出版的《共产党宣言》中文全译本

《共产党宣言》自传入中国以来，对中国革命和中国共产党产生了极大的影响，无数革命先辈就是在这本“小书”的引领下走上了革命道路。1936 年，毛泽东在同斯诺的谈话中说：“有三本书特别深刻地铭记在我的心中，使我树立起对马克思主义的信仰。我接受马克思主义，认为它是对历史的正确解释以后，就一直没有动摇过。这三本书是：陈望道译的《共产党宣言》，这是用中文出版的第一本马克思主义的书；考茨基的《阶级斗争》；以及柯卡普的《社会主义史》。到了 1920 年夏天，我已经在理论上和某种程度的行动上，成为一个马克思主义者了，而且从此我也认为自己是一个马克思主义者了。”鲁迅先生也曾称赞陈望道说：“现在大家都在议论什么‘过激主义’来了，但就没有人切切实实地把这个‘主义’真正介绍到国内来，其实这倒是当前最紧要的工作。望道在杭州大闹了一阵以后，这次埋头苦干，把这本书译出来，对中国来说是做了一件好事。”

陈望道

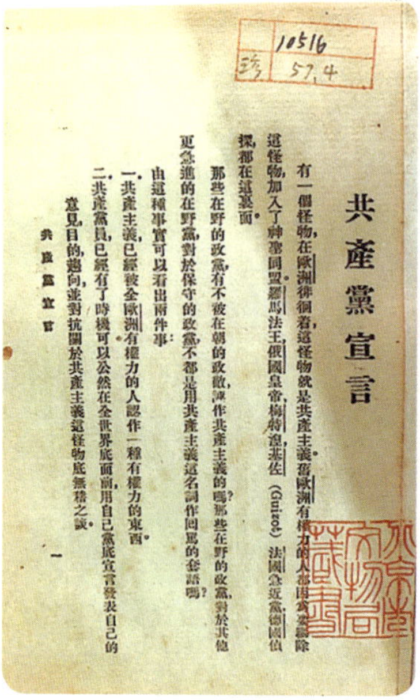

共產黨宣言

有一個怪物，在歐洲徘徊着，這怪物就是共產主義。舊歐洲有權力的人都因為要驅除這怪物，加入了神聖同盟。羅馬法王，俄國皇帝，梅特涅，基佐(Guizot)，法國急進黨，德國偵探，都在這裏面。

那些在野的政黨，有不被在朝的政敵，譚作共產主義的嗎？那些在野的政黨，對於其他更急進的在野黨，對於保守的政黨，不都是用共產主義這名詞作回罵的套語嗎？

由這種事實可以看出兩件事：

一．共產主義，已經被全歐洲有權力的人認作一種有權力的東西。

二．共產黨員，已經有了時機可以公然在全世界底面前，用自己黨底宣言發表自己的意見，目的，趨向，並對抗關於共產主義這怪物底無稽之談。

共產黨宣言　一

陈望道译《共产党宣言》

（复制品）

1994 年，北京市文物鉴定委员会将这本《共产党宣言》认定为一级文物。专家们在鉴定意见书上写道：鉴定为革命文物一级。此书为《共产党宣言》的第一版，在当时一部分青年中影响较大。封面书名的错版，在第二版改正了。确实如同“鉴定意见”所说，陈望道译本《共产党宣言》第一版存世甚少，甚至连陈望道先生本人也没有保存。而首都博物馆藏本也是历经艰难，由老一辈文物工作者抢救下来的唯一一本。

据北京市文物局离退休老干部孙春华等老同志介绍，这件文物是从北京造纸厂的废纸堆中拣出来的，在它的藏品档案来源一栏确实写着“北京造纸厂拣出”的字样。

如今，这本珍贵的《共产党宣言》中文译本静静地躺在首都博物馆北京通史展厅的展柜里，要感谢所有从事文物保护工作的前辈们为我们留下了宝贵的红色文化遗产。

首都博物馆

首都博物馆于1953年开始筹备，1981年正式对外开放，原址位于全国重点文物保护单位——北京市国子监街孔庙。2006年5月18日，坐落于北京长安街西延长线上的首都博物馆新址正式开放。首都博物馆是北京市属唯一的大型现代化综合博物馆。2008年被评为国家一级博物馆和国家AAAA级旅游景区。首都博物馆建筑面积6.4万平方米，藏品数量12万余件（套），以北京地区出土与传世艺术品为主，常设展厅10个，展览内容包括北京历史、北京民俗生活与艺术品专题陈列等，向观众系统展示了北京3000余年建城史、800余年建都史的悠久文化。

首都博物馆将围绕“解读灿烂中华、品鉴智慧北京、世界文明互鉴”三大主题让文物“会说话”，深入浅出地解读历史。

34

《没有共产党就没有新中国》诞生记

没有共产党就没有新中国纪念馆　李达

《没有共产党就没有新中国》这首歌诞生于北京市房山区霞云岭乡堂上村，一个名不见经传的小山村。如今，这里建有一座没有共产党就没有新中国纪念馆，纪念馆的陈列展线上有一张珍贵藏品——《没有共产党就没有新中国》歌曲手稿。从作者曹火星饱含深情的笔触中，我们仿佛看到这首歌曲飞出深山，唱响中华大地的那段激昂岁月。

说起《没有共产党就没有新中国》这首人们耳熟能详的歌曲，它的历史要追溯到战火纷飞的抗日战争时期。延安文艺座谈会刚一结束，曹火星

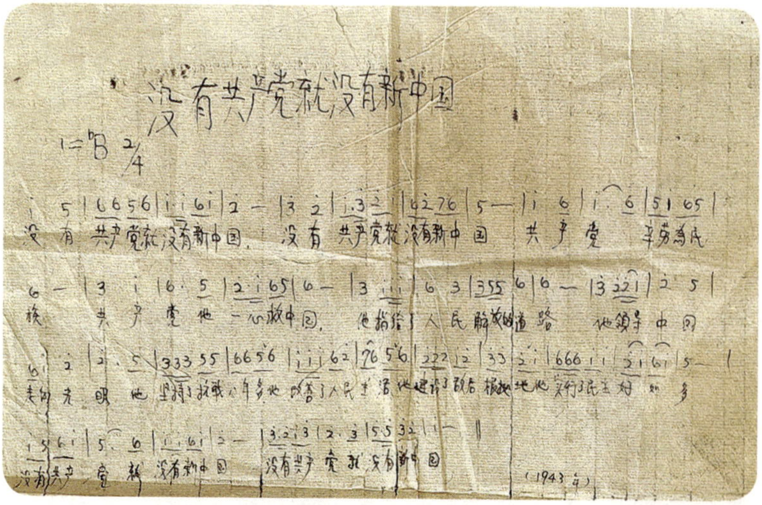

《没有共产党就没有新中国》歌曲手稿

一行四人作为群众剧社抗战宣传小分队，来到了斗争形势最为艰苦的平西抗日根据地，耳闻目睹了在根据地发生的一桩桩、一件件惨烈的斗争故事和英烈传奇，心灵受到极大的震撼。

中国共产党救人民于水火、拯民族于危亡的事实不断激发出他的创作灵感。1943 年 10 月，在堂上村中堂庙的土炕上，19 岁的曹火星盘腿坐在小方桌前，忆抗战岁月，思民族命运，不禁情涌笔端，用一夜的时间完成了《没有共产党就没有中国》的歌词创作，并借用当地流行的民间小调谱曲。歌曲利用民间歌舞“霸王鞭”形式传唱，很快在平西根据地流传开来，进而传遍全国各个抗日根据地。随着抗日战争和解放战争的胜利，这首表达人民心声的歌曲唱遍了整个中国。1950 年，毛主席听到女儿李讷在家中唱起这首歌，建议在歌词中增加一个“新”字，即“没有共产党就没有新中国”。一个“新”字的添加，既道出了新中国的成立得益于中国共产党的领导，又阐明了新中国的建设依然离不开中国共产党的领导，中国共产党永远是领导我们事业的核心力量。

1994 年，曹火星重回《没有共产党就没有中国》词曲创作地北京市房山区霞云岭乡堂上村，再次走进了当年的石板房、小分队住宿的小庙，坐在当年他燃灯创作的土坯炕上，忆往昔峥嵘岁月，激动不已，挥笔重新写下《没有共产党就没有新中国》词谱，并将词谱置上了当年的时间 1943 年。

如今，当我们站在没有共产党就没有新中国纪念馆的展线上，重新回望这张珍贵的歌曲手稿，追忆那段难忘的峥嵘岁月，我们看到的是一位人民音乐家的不朽初心。

曹火星创作《没有共产党就没有新中国》时坐的土坯炕

没有共产党就没有新中国纪念馆

没有共产党就没有新中国纪念馆位于北京市房山区霞云岭乡堂上村，这里是《没有共产党就没有新中国》的词曲创作地。纪念馆于2006年6月26日正式落成，建筑面积2100平方米，为依山就势建造的三个单层连体建筑，分为3个展厅，是全国爱国主义教育示范基地、第一批北京市廉政教育基地和全国红色旅游经典景区。

35

长诗，游记，更是战歌！

——《剑北篇》

老舍纪念馆　尉苗

提起老舍先生，人们立刻会想到《骆驼祥子》《四世同堂》《龙须沟》《茶馆》等脍炙人口的作品。其实，老舍先生还写有一部创作于抗战期间的长篇叙事诗《剑北篇》，它是老舍纪念馆馆藏一级文物，是老舍先生生前出版过的唯一一部长诗，1942 年 5 月由文艺奖助金管理委员会出版。

老舍先生创作的长诗《剑北篇》

七七事变爆发后，老舍告别妻儿，奔赴武汉。投入抗日救国的洪流。1938 年 3 月 27 日，“中华全国文艺界抗敌协会”（简称“文协”）在武汉成立，老舍被推举为常务理事和总务部主任。1939 年 6 月，老舍代表“文协”参加全国慰劳总会北路慰问团，从重庆出发赴西北慰问抗日将士。同年 12 月回到重庆。抗战结束后，老舍在长篇回忆文章《八方风雨》中写道：“慰劳团先到西安，而后绕过潼关，到洛阳。由洛阳到襄樊老河口，而后出武关再到西安。由西安奔兰州，由兰州到榆林，而后到青海、绥远、宁夏，一共走了五个多月，两万多里。”

此行的所见、所闻、所感，就记录在这部《剑北篇》中。此次行程最大的亮点无疑是延安。1939 年 9 月，慰问团两经延安，受到延安各界的热烈欢迎。在延安的停留虽然短暂，却对老舍产生了重大影响。臧克家后来回忆，老舍曾经对他说："崭新的天地，崭新的人，真是大开眼界，也大开心窍呀。"老舍在《八方风雨》里还写道："这次长征的所见所闻，都记在《剑北篇》里—— 一部没有写完，而且不大像样的长诗。在陕州，我几乎被炸死。在兴集，我差一点被山洪冲走，这些危险与兴奋，都记在《剑北篇》里"。我们且听老舍笔下的延安。

听，抗战的歌声依然未断，
在新开的窑洞，在山田溪水之间，
壮烈的歌声，声声是抗战，
一直，一直延到大河两岸！
在这里，长发的文人赤脚终年，
他们写作，他们表演，
他们把抗战的热情传播到民间，
冷笑着，他们看着敌人的炸弹！
焦急的海盗，多么可怜，
轰炸的威风啊，只引起歌声一片；
唱着，我们开山，
唱着，我们开田，
唱着，我们耕田，
唱着，我们抗战，抗战，抗战！

在《剑北篇》里，有老舍对祖国的赤诚、对同胞的同情、对抗日军民的赞颂、对苟安败类的斥责、对侵略者的愤怒。可惜的是，这篇现存 27 段 3600 行的长诗并未写完，老舍原本打算再写十几段，达到 6000 行，却因身体原因没法继续，不得已先把写好的 27 段付印成册。

《剑北篇》也是一部诗体游记，题材和形式在新诗史上都很罕见。老舍先生对当时的陕甘宁边区有较大篇幅的描述，这是中国著名作家对解放区最早的记录，有着突破性意义。形式上，他创新地使用大鼓体“行行用韵，一韵到底”，做出了贴近人民的诗歌探索。

老舍纪念馆

老舍纪念馆位于北京市东城区灯市口西街丰富胡同19号，原为老舍故居，即“丹柿小院”，是一座北京旧式小院。1999年正式对外开放。纪念馆占地约400平方米，房屋19间。老舍在这里生活、工作了16年，并写下了《龙须沟》《茶馆》《方珍珠》《正红旗下》等24部作品。现北房和西侧耳房做原状陈列，东厢房的实物展和西厢房的《走近老舍》生平展通过大量珍贵的图书、照片、手稿等，向观众展示老舍先生的生平与创作历程。

36

“功臣迫击炮”背后的故事

中国人民革命军事博物馆

中国人民革命军事博物馆珍藏的众多文物中有一门20世纪二三十年代制造的75毫米口径老式斯托克迫击炮。它虽不高大威猛，甚至略显简陋陈旧，却在中国人民革命军事博物馆陈列的众多馆藏重器中占据醒目位置，被人们亲切地称为“功臣迫击炮”。

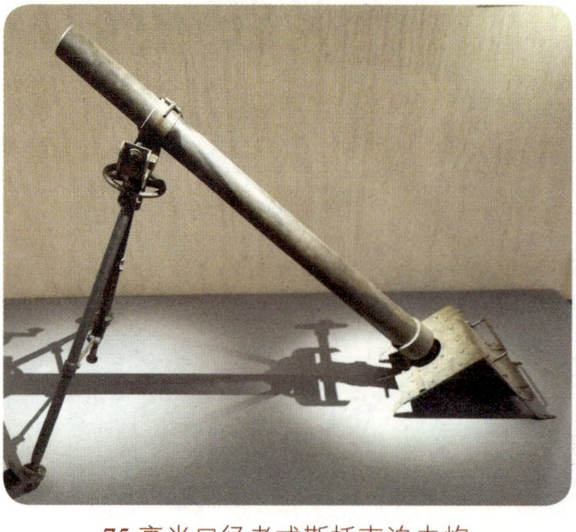

75毫米口径老式斯托克迫击炮

它的得名还得从1938年说起。抗日战争进入战略相持阶段后，日军加紧对抗日根据地的军事“扫荡”。1939年10月，日军华北方面军集中2万余兵力对晋察冀根据地进行冬季大“扫荡”。此次“扫荡”的指挥官是被日本军界誉为“名将之花”“战术专家”的陆军中将阿部规秀。

11月3日，八路军三个团五六千人伏兵雁宿崖，经过激战，击毙包括迁村宪吉大佐在内的日军500余人，打了一个漂亮的歼灭战。消息传到张家口，阿部规秀大怒。11月4日凌晨，阿部规秀亲率精锐1500余人，分乘90多辆卡车急驰涞源。

杨成武制订了详细的作战方案，聂荣臻司令员决定以小股兵力诱敌到黄土岭，再利用有利地形集中兵力予以歼灭。贺龙将120师特务团也调给杨成武指挥。11月7日下午3时左右，敌人进入了黄土岭埋伏圈。战斗打响，上庄子至黄土岭几里长的山沟间枪声大作，整个黄土岭东部弥漫在一片炮火硝烟之中。

黄土岭东有个名叫教场的小村庄，在八路军的打击下，日军组织兵力抢占了孤石山及教场南面山脚一线狭窄的山梁。八路军一团团长陈正湘在望远镜里发现，在南山东西向的山梁上，有3个凸出的小山包，中间那个山包上有几个挎着战刀的日军军官正举着望远镜向793高地及上庄子方向观察，在教场小河沟南面距南山小山头100米左右的小院内，也有腰挎战刀的日军军官进进出出。陈正湘判断，这个小院就是日军的指挥所，南面的小山包是日军的观察所。他当即命令通信员邱荣辉跑步下山调炮兵连迅速上山。炮兵连进入阵地后，陈正湘指给他们那两个目标，要求他们一定将那两个目标摧毁。炮兵连连长杨九祥在目测距离后说道："直线距离800米，在有效射程之内，保证打好！"在杨九祥的指挥下，炮手连发四弹，全部命中目标。

后来得知，在这次炮击中被炸死的正是阿部规秀。这场战斗极大地鼓舞了中华民族的抗日士气。

炮兵连同志操作的其中一门迫击炮，就是现在陈列于中国人民革命军事博物馆的这件展品。现在，再回头看这件朴素的文物，一股崇敬之情油然升起。

[素材来源：中国人民革命军事博物馆、中国军网、《解放军报》、北京市爱国主义教育基地融媒体传播平台"京华丹心"(排名不分先后)。]

37

血战到底

——永远的 82 人英雄连

中国人民抗日战争纪念馆　武丹

在中国人民抗日战争纪念馆的展厅里有一幅油画作品名为《浴血刘老庄》，作品长 380 厘米、宽 230 厘米，是由优秀军旅画家张庆涛和秦文清联合创作完成的。画面中，一群新四军战士有的怒目圆睁，手握步枪向敌人怒吼；有的握紧刺刀，弓着身子随时出击；有的高举铁锹，用尽全力砍向敌人……画家用极具张力的笔触和凝重悲怆的色调，刻画了一个个鲜活、有血性的中国将士，再现了 1943 年的刘老庄战场。

油画作品《浴血刘老庄》

1943年，日军准备对华中特别是苏北、苏中和苏南抗日根据地实施更加残酷的“扫荡”“清乡”和“蚕食”。3月17日晚，刚刚经过几天高强度战斗的新四军3师7旅19团2营4连82人遵照团部的指示，驻扎在淮阴刘老庄休整待命。3月18日拂晓，日伪军1000余人分兵合围了驻六塘河北岸的淮海区党政领导机关，4连奉命阻击敌人，掩护主力部队和淮海区党政机关转移。为减少村中人民群众生命财产损失，4连指战员撤至村外一片开阔地与日军决战。4连战士英勇击退日伪军的多次攻击，使主力部队和党政机关安全转移，但是全连却陷入日伪军重围之中。虽然他们多次尝试突围，但均未成功。日伪军在多次被击退后，决定集中炮火对4连阵地进行炮击，数百米长的交通沟转眼间火光冲天，硝烟弥漫。傍晚时分，敌人停止了炮击，冲向4连阵地。战士们不惧牺牲，浴血奋战，子弹打没了就用枪托砸，枪托砸碎了就用铁锹砍，铁锹断了就用牙齿咬……从拂晓到黄昏，4连战士击退敌人5次进攻，毙伤日伪军300余人，但终因寡不敌众，弹尽粮绝，全连82人全部壮烈牺牲。新四军代军长陈毅撰文，“烈士们殉国牺牲之忠勇精神，固可以垂式范而励来兹”。八路军总司令朱德高度评价刘老庄战斗是“我军指战员英雄主义的最高表现”。

为继承烈士遗志，新四军第七旅旅部决定重建4连，并命名为“刘老庄连”。在纪念中国人民抗日战争暨世界反法西斯战争胜利70周年阅兵式上，作为10个英模方队之一的“刘老庄连”光荣受阅。

刘老庄82名烈士奏响了英雄主义最壮烈的乐章，他们视死如归、宁死不屈的民族气节，不畏强暴、血战到底的英雄气概，值得我们永远铭记。

38

劳动工具背后的英雄壮举

铁道兵纪念馆　沈正华

铁道兵纪念馆收藏着一套劳动工具，包括绳子、镐头、锤子、铁钩、木钩。这套普通工具背后的传奇故事，还要从它们的主人铁道兵讲起。

杨连第修复陇海铁路 8 号桥时用到的工具

铁道兵，1948 年 7 月组建，1984 年 1 月 1 日脱下军装集体转业。战争时期他们抢修铁路，和平年代他们新建铁路，为中华民族解放事业和社会主义建设事业做出了不朽的贡献。铁道兵纪念馆现有藏品 8000 多件，承载着铁道兵的历史。其中，有一套老旧的劳动工具被放在显眼位置，显得格外与众不同。说起这套工具，就必须讲到一座大桥——陇海铁路 8 号桥，该桥位于河南三门峡市观音堂镇，建于 1921 年，桥墩高 45 米。

1949 年，为解放大西北，铁道兵团奉命抢修陇海铁路，铁道兵团一支队一大队负责陇海铁路咽喉——8 号桥的抢修任务。然而此时的 8 号桥，只剩下 5 个光秃秃的桥墩。没有登高机械，脚手架也严重不足，如何才能登上 45 米高的桥墩开展作业呢？一个战士发现桥墩上每隔几米就有一块铁夹板，板上还有圆孔，他提出：做一根带钩的杆子，钩住铁夹板后顺杆往上爬，用搭“单面云梯”的方法爬上墩顶。这个战士名叫杨连第，1919

年出生在天津北仓村，当过鞋铺学徒、电工、架子工，天津解放后加入铁道兵。参军以来，他多次解决工程技术难题，被战友们称为“师傅”。可是，这次他提出的方案真的能行吗？战友们心里都没底。

杨连第军装照

9 月 4 日上午，杨连第带领 17 名战士从 2 号墩开始登高。杨连第身先士卒，举起长杆钩住墩面上的铁夹板，身子一纵顺着杆子爬上去，然后他一只手攀住铁夹板，另一只手接住从下面送上来的脚手杆，用铁丝绑在铁夹板上；后面的同志再把一根根脚手杆绑结起来，搭起单面云梯。当杨连第爬到离地面 30 米的时候，与铁夹板的距离增大到 5 米左右，带钩的杆子够不着上面的铁夹板。杨连第叫战友选一根最细最长的杆子绑上铁钩递给他。可他接到长杆子一试，还是够不着铁夹板。只见他伸出一只手，按在光溜溜的墩面上，然后跷起脚来，只用脚尖踏住一寸宽的铁夹板，用力将长杆往上够，终于将钩子套进了铁夹板的圆孔里，得以继续向上攀爬。快登到墩顶时，一块比墩身大一圈的墩帽拦住了杨连第。他仔细观察后发现，有一条被炸弯的钢轨探出了墩帽。他解下腰上的绳索扔过钢轨，让另一头垂下来，然后抓紧绳子，双脚蹬住墩面，向上一纵，登上了墩顶。

登顶之后，先要凿平墩顶，然后才能架梁。杨连第和战友们用镐头刨、用锤子敲，也只凿下一丁点儿的混凝土，照这个进度，难以按时修通大桥。为节约时间，杨连第仅以一块木板作为掩护，在墩顶连续爆破百余次，顺利完成了铲平墩顶的任务。1949 年 10 月 18 日，陇海铁路 8 号桥提前 20 天修通。鉴于杨连第的卓越贡献，上级为他记一大功，授予“登高英雄”称号。1950 年 9 月，杨连第受邀到北京参加国庆观礼，并出席首届工农兵战斗英雄、劳动模范代表大会。

1950 年冬，杨连第随部队到朝鲜参战。在战场上，他与战友们冒着敌机的轰炸，铸就了“打不烂、炸不断的钢铁运输线”，为志愿军的后勤运

通车当天，杨连第在桥下被授予“登高英雄”荣誉称号

输提供了坚强保障。1952 年 5 月 15 日，在抢修清川江大桥时，一颗定时炸弹突然爆炸，夺去了杨连第年轻的生命，他牺牲时年仅 33 岁。杨连第牺牲后，志愿军总部为他追认特等功，授予一级战斗英雄称号，并命名他生前所在的连队为“杨连第连”。2019 年，杨连第获得“新中国最美奋斗者”荣誉称号。

如今，杨连第参与修复的陇海铁路 8 号桥仍然在通车运行，它被命名为“杨连第桥”，并在桥头建造了纪念碑。青山叠翠，列车飞驰，陇海铁路 8 号桥同展柜里杨连第使用过的工具一样，永远铭记着英雄的壮举。

铁道兵纪念馆暨中国铁建展览馆

铁道兵纪念馆暨中国铁建展览馆位于北京市海淀区复兴路 40 号中国铁建大厦 B 座，隶属于中国铁道建筑集团有限公司。纪念馆全面展现了铁道兵 35 年的辉煌历史和中国铁建 30 多年的不凡业绩。展馆分为两层，建筑面积 4800 平方米，文物藏品 8000 多件（套）。中国铁建展览馆是全国爱国主义教育示范基地，全国中小学生研学实践教育基地。

39

以笔为刀

——石鼓文与郭沫若

故宫博物院　于澄瑶

北京故宫博物院宁寿宫区域的石鼓馆内展示着 10 枚巨大的石鼓。别看它们其貌不扬，上面却刻有我国现存最早的一组石刻文字——石鼓文。它们记录了战国时期秦国国君狩猎的相关事件。

唐代贞观初年，历尽沧桑的石鼓首先于陕西凤翔府郊外被发现，从此开始了它们漫长曲折的流转经历。石鼓的最近一次转移是在抗日战争期间，为躲避战火，它被移出北京国子监，加入故宫文物南迁的队伍，辗转于上海、南京和四川等地，直到 1950 年终于回归北京故宫博物院。

石鼓能流传至今已实属不易。但历经两千多年的岁月洗礼，石鼓上面的文字多已模糊不清，因此，保留了更多文字信息的石鼓文早期拓本更显得弥足珍贵。不幸的是，石鼓文现存最古的三种北宋拓本“先锋本”“中权本”和“后劲本”在近代流失海外，被秘藏于日本。1932 年的一个秋日，我国著名考古学家、古文字学家郭沫若先生在东京文求堂书店偶然发现了 42 张“后劲本”拓片的

石鼓

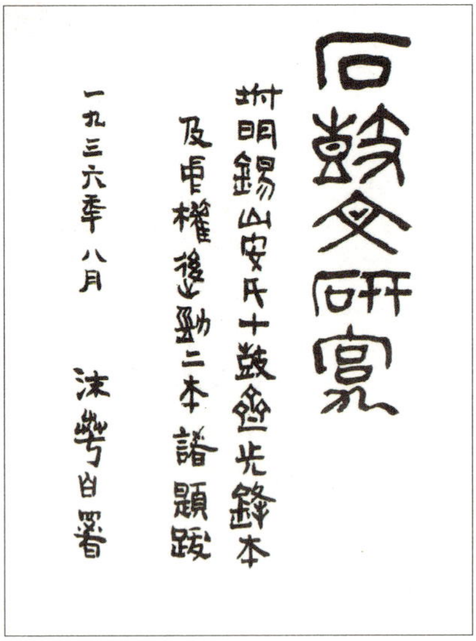

郭沫若《石鼓文研究》书影

照片。凭借敏锐的学术洞察力，郭沫若果断买下照片并展开研究，写成了著名的《石鼓文研究》一书。为了保存珍贵的文物资料，郭沫若又将照片寄回中国，让国内更多学者参与抢救这一珍贵的文化资源。

此后，郭沫若始终留心寻觅石鼓文的踪迹，终于在 5 年后迎来了一次得见 3 种北宋石鼓文拓本全貌的机会。资料来之不易，郭沫若马上将照片复制，并根据新资料对《石鼓文研究》进行了修改、补充后在国内出版。郭沫若所做的一系列努力，在抢救石鼓文拓本资料，积累石鼓文研究素材等方面做出了巨大贡献。

郭沫若对石鼓文的深入研究还具有开创性的意义。他依据北宋拓本对石鼓文进行了细致的复原、考证和释读，对石鼓文的制成年代和出现地点提出了崭新的观点，大力推动了整个学界对石鼓文研究的进展和深度。

新中国成立后，石鼓在北京故宫博物院得到了妥善的安置和保存。郭沫若先生始终关心国家文物的保存和研究状况，他在新编出版的《石鼓文研究》序言中记述了石鼓在北京故宫博物院开箱展出的历史时刻，后来还专为北京故宫博物院题写了匾额，悬挂在故宫北面的神武门上。

40

一封家书里的大义赤诚

中国人民抗日战争纪念馆　周耐

中国人民抗日战争纪念馆藏有一封家书，是旅菲华侨、共产党员王雨亭与儿子王唯真分别时写给儿子的临别赠言。

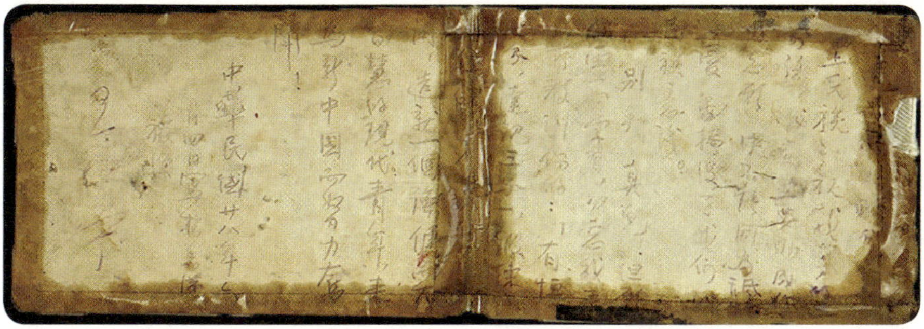

王雨亭写给儿子王唯真的临别赠言

全民族抗战开始后，旅居海外的华人华侨纷纷毁家纾难，踏上归国抗日、救亡图存的征程。著名菲律宾华侨王雨亭毅然舍弃自己优渥的生活，加入中国共产党，投入到抗日的洪流中。他创办《前驱日报》，宣传抗日救亡思想；在他的鼓舞下，200 多名青年爱国华侨回国参加八路军、新四军。王唯真是王雨亭的儿子，从小受到父亲爱国思想的熏陶，这位年仅 16 岁的少年心系祖国安危，多次恳求父亲允许自己回国参加抗战。

1938 年 10 月，王雨亭送子回国参加抗战。王唯真从菲律宾踏上归国的旅程，但因为广州沦陷，直到 1939 年 6 月，王唯真才从香港重新启程踏上去延安的路途。临行那天，王雨亭一大早就悄悄来到儿子床前，静静地看着熟睡中的儿子。王雨亭的眼角忍不住湿润了，他翻开儿子床头的笔记本，提起笔来，一字一句写下了一位父亲为了民族大义而做出的艰难抉择。

真儿：

这是个大时代，你要踏上民族解放战争的最前线，我当然要助成你的志愿，决不能因为舐犊之爱而掩没了我们的民族意识。别矣，真儿！但愿你虚心学习，勿忘我平时所教训你的"有恒七分，达观三分"，锻炼你的体魄，充实你的学问，造就一个强健而又智慧的现代青年，来为新中国而努力奋斗！

中华民国廿八年六月四日写于香港

王雨亭

这是烽火岁月里一位父亲对即将奔赴战场的爱子的嘱托，几句简短朴素的话语，却饱含了王雨亭的深明大义和赤诚的爱国情怀。从答应儿子回国参战的那一刻起，身为父亲的王雨亭虽然对儿子有浓厚的"舐犊之爱"，但是国难当头，他毅然成全儿子心中报效祖国的夙愿。同时，对于儿子奔赴前线内心也充满担忧。对儿子的嘱托也表达出他对民族解放事业充满期待，对新中国的未来充满希望！

当年，还有千千万万的海外赤子积极投身抗战，他们与祖国共患难的精神永世传扬。

41

一本珍贵的相册

——吴印咸与《延安与八路军》

中国电影博物馆　展陈部讲解组

中国电影博物馆的第 8 展厅展示着一本珍贵的相册，它默默述说着中国共产党与第一部人民电影之间一段鲜为人知的故事。

纪录片《延安与八路军》拍摄于 1938 年至 1940 年间，是在中国共产党领导下拍摄的第一部人民电影。影片从各个方面记录了中国共产党在延安时期的革命活动和八路军艰苦卓绝的敌后抗战的影像。遗憾的是，拍摄素材在送往苏联进行后期制作时因战乱遗失。然而，延安电影团负责人、摄影师吴印咸在影片拍摄期间将花絮拍成照片并制作的相册，有幸完整地保存下来，这本珍贵的相册现在就保存于中国电影博物馆。

20 世纪 30 年代，在延安成立了延安电影团，主要工作人员有袁牧之、吴印咸等 9 人。电影团成立后，马上着手拍摄的第一部纪录片就是《延安

《延安与八路军》拍摄期间花絮照片相册

与八路军》，这部影片由袁牧之执导，吴印咸、徐肖冰、吴本立等人拍摄。影片反映了抗日战争爆发后全国各地青年冲破险阻奔赴延安，以及延安的政治、经济和文化面貌，八路军的战斗生活，抵达延安的青年的学习情况和开赴各地工作的情景等内容。

1938 年 10 月，影片在黄帝陵开拍了第一组镜头，这一组镜头饱含深意：中国人是炎黄子孙，在民族危亡之际，祭奠祖先、弘扬历史，体现了万众一心、保卫家国、坚强不屈的民族精神。此后，摄制组为了更好地深入广大解放区，决定分两组开展工作：一组由吴印咸带队到平西，另一组由徐肖冰带队去晋东南司令部。两队人马经过一年多的艰苦工作，于 1940 年年初完成整部影片的拍摄。令人遗憾的是，由于当时延安没有制作设备，1940 年 3 月，党中央派袁牧之和冼星海带着影片素材到苏联进行后期制作，不料影片资料在战乱中遗失。尽管组织先后两次赴苏联寻找，也只陆续找到一些影片片段。

虽然影片的大部分原始资料已经丢失，但吴印咸当时制作的《延安与八路军》图片资料册得以留存。吴印咸去世后，相册辗转回到他的女儿吴筑清手上。中国电影博物馆建馆时，吴女士将这本珍贵的相册无私捐给了中国电影博物馆。

《延安与八路军》相册中的照片是由电影团全体成员共同拍摄完成的，其中不乏徐肖冰等早期成员的作品。吴印咸将这些照片进行汇总、梳理、编排，精心装入从上海带到延安的相册中，并题写封面“延安与八路军”。相册的编排颇费心思，其中收录了包括影片拍摄、采访、创作过程中的照片素材共计 404 张。吴印咸将照片划分为 41 个主题，整体思路与袁牧之导演拟定的电影拍摄大纲紧密契合，内容涵盖了八路军在延安的练兵、战斗、生产、生活建设、军民关系、军事工业等各个方面，是比较全面反映该片信息且完整存世的珍贵史料。

吴印咸和电影团的成员们肩负着开拓党的电影事业的使命，他们在艰苦的战争环境中秉持“一切为抗战服务”的理念，深入部队、深入群众，通过影像及图片报道，为中国民众及时提供战事信息、战争动态，宣传我军战绩，痛斥日军残暴罪行，唤醒国民的家国意识。

《延安与八路军》这部史诗般的相册，忠实地记录了延安和抗日根据地生气勃勃的面貌和八路军的战斗生活，歌颂了中国共产党领导根据地军民英勇抗战的丰功伟绩，形象地表现了“天下人心归延安”的主题思想。如今，我们翻开这本珍贵的相册，仍旧能够感受到在中国共产党领导下的延安军民火一般的革命热情，是记录中国共产党在延安时期革命斗争的珍贵历史资料。

中国电影博物馆

中国电影博物馆是目前世界上最大的国家级电影专业博物馆，是展示中国电影发展历程、博览电影科技、传播电影文化和进行学术研究交流的艺术殿堂，也是爱国主义教育基地、廉政教育基地、青少年电影文化活动基地、科普教育基地和文化旅游体验基地。

中国电影博物馆占地52亩，建筑面积近3.8万平方米，于2005年12月落成，2007年2月正式对公众开放。中国电影博物馆设有21个展厅和对外公共活动及展示区域，展览展示总面积约为13000平方米。展示了中国电影百年发展历程，以及不同时期电影工作者的重要艺术成就，同时，还揭示了电影制作的奥秘。

42

耕者有其田

——新中国“土地改革”特种邮票

北京艺术博物馆　张杰

北京艺术博物馆收藏有一组“土地改革”特种邮票，反映了20世纪50年代中国共产党带领中国人民在全国范围内进行的轰轰烈烈的土地改革运动。

邮票作为邮资凭证，随着近代邮政的发展而产生。在网络通信日益发达的今天，邮票似乎正在逐渐淡出人们的生活。曾几何时，这一枚枚薄薄的票证也曾飞越千山万水，联络着人与人之间的情感。除了实用功能以外，邮票图案内容丰富，上至国家大事、下至百姓生活，可谓包罗万象，方寸之间反映了一个时代的珍贵记忆。其中，反映中国共产党光辉历程的红色邮票作为具有特殊历史意义的文化符号，日益受到人们的关注。

北京艺术博物馆馆藏关于中国共产党党史的红色邮票计52枚，涵盖了中国共产党成立、开国大典、党领导的主要战役等重大历史事件。这些邮票不仅是中国共产党带领全国人民进行新民主主义革命、社会主义建设的实物见证，也记录了中国实现中华民族伟大复兴的奋斗历程。“土地改革”邮票是新中国较早发行的特种邮票之一，这套邮票反映了70年前轰轰烈烈的土地改革运动，带有鲜明的时代特征，成为研究那段历史的珍贵资料。邮票全套共4枚，面值分别为100元、200元、400元、800元，颜色分别为红色、蓝色、深棕色及绿色。4枚邮票主题图案相同，表现了分

1952 年发行的第一版“土地改革”特种邮票

得土地的农民手持人民政府颁发的土地证，以无比喜悦之情和满腔热忱在土地上辛勤耕作的情景。邮票构图呈透视排列，秩序井然，背景是一辆正在作业的大型拖拉机，象征着未来的农业机械化；近景是 3 个农民手持土地证凝视前方；远处的农民正在土地上挥锄耕作。

这套邮票紧密结合当时形势，在新年伊始发行，意在激励全民要愈加辛勤耕耘，坚定地沿着社会主义道路前进。这套邮票曾先后发行两版，1952 年 1 月 1 日发行第一版，1955 年 1 月再版印刷。第一版和再版邮票可以根据耕田农民两腿间的暗记加以辨认。北京艺术博物馆收藏的这套邮票为 1952 年元旦发行的第一版。

今天，我们再次回顾这一枚枚邮票，尽管岁月使票面的颜色不再鲜亮，但中国共产党为人民谋求幸福，带领人民走向伟大复兴的精神，却始终闪耀如初。

43

6 枚银圆的故事

——斑驳锈迹下的温情记忆

中国人民革命军事博物馆

中国人民革命军事博物馆藏有 4 枚看似普通的银圆，虽早已锈迹斑驳，不复往日光芒，但却弥足珍贵。它们历经世事沧桑，斑驳的锈迹中闪耀着温情的光芒，向我们诉说着一位伟大领袖和一名红军战士之间的故事。

这 4 枚银圆原本是毛泽东的津贴费，当毛泽东得知警卫员陈昌奉家里生活困难，便把这些银圆送给了他。陈昌奉是江西宁都田头乡琵琶城村委会岭垴村人。1929 年，年仅 14 岁的陈昌奉参加了红军，他先是在红四军军部当勤务兵，随后于 1930 年 3 月被调到红四军前敌委员会工作，成为毛泽东的勤务员。陈昌奉没上过一天学，毛泽东一有空便教陈昌奉写字，陈昌奉的名字，就是毛泽东一笔一画教会的。

陈昌奉珍藏的 4 枚银圆

1934 年的一天，陈昌奉随毛泽东到江西宁都开会。宁都是陈昌奉的老家，到了家乡，他准备回家看看。毛泽东知道陈昌奉家里生活很困难，便从自己的津贴费中节省出6枚银圆交给了陈昌奉。陈昌奉非常感动，他没有想到毛主席如此关心自己，眼泪从眼角流下来，望着眼前这个自己时时刻刻保护的人，一种温暖的感觉涌上心头。陈昌奉怎么都舍不得花掉这6枚银圆。最后，他给家里留了2枚，另外4枚珍藏起来。

1936年，红军长征到达陕北后，陈昌奉到红军大学学习。毕业后，他被调到西北保卫局保卫队任指导员。1946年5月，陈昌奉奉命到山东前线。临行前，他向毛主席辞行时，毛主席为他题词："昌奉同志：努力工作，忠实于党，忠实于人民，祝你胜利"。后来由于工作关系，陈昌奉与毛主席见面的机会并不多，但是毛主席对战士的关爱之心永远印刻在他的心中，令他终生难忘。

陈昌奉一直珍藏着毛主席送给自己的银圆，1959年中国人民革命军事博物馆建馆后，他决定赠予博物馆收藏。

自参加红军以来，陈昌奉在革命战斗中锻炼成长，最终成为中国人民解放军的一名优秀指挥员。他留下的这4枚银圆，即使已锈迹斑驳，但留存在银圆中的温暖和关怀，仍然可以跨越时空，直击人们的心灵。

44

铭刻胜利的投票箱

中国人民抗日战争纪念馆　王姝洁

中国人民抗日战争纪念馆中陈列着一个大红色投票箱，这个特殊的投票箱烙印了一段峥嵘岁月，再回首依然令人神情激荡。

这个投票箱是在中国共产党第七次全国代表大会上使用过的投票箱，原件收藏在延安革命纪念馆。它的设计者叫张协和，是当时延安少有的高级技术专家之一，曾经参与延安中央大礼堂的设计工作。

中国共产党第七次全国代表大会使用过的投票箱（复制品）

1945 年 4 月至 6 月，中国共产党第七次全国代表大会在延安杨家岭中央大礼堂隆重召开，出席大会的正式代表 547 名，候补代表 208 名，代表着全国 121 万名党员。这次大会负有总结以往革命经验、迎接抗日战争胜利和引导中国走向光明前途的任务。会场布置有着极特殊的意义，主席台正中悬挂着毛泽东和朱德的画像，两侧分别立着 3 面中国共产党党旗；礼堂两边的墙上安装有 6 个“V”字形旗座，每个旗座上插着4面党旗，共24面；主席台上方写着“在毛泽东的旗帜下胜利前进”。投票箱整体采用红、黄配色设计而成，用谷穗做环状底图，上面写有“七大投票箱”字样，党徽上方有一颗五角星，象征中国共产党的领导。投票箱整体设计简洁庄重。在选举过程中，候选人名单先由各代表团小组提出，经过充分讨论后进行预选，再提出正式候选人名单，最后进行无记名投票。党的七大选举产生新的中央委员会。

党的七大是党在新民主主义革命时期召开的一次极其重要的全国代表大会。它总结中国新民主主义革命20多年曲折发展的历史经验，制定正确的路线、纲领和策略，克服党内的错误，使全党特别是党的高级干部对中国民主革命的发展规律有了比较明确的认识，从而使全党在马克思列宁主义、毛泽东思想的基础上达到空前团结。七大以“团结的大会，胜利的大会”载入党的史册。

把毛泽东思想确立为党的指导思想并写入党章，是党的七大的历史性贡献。党的七大之后，全党同志在毛泽东思想的指引下，团结一致，为夺取抗日战争的最后胜利和新民主主义革命在全国的胜利英勇前进。

45

美洲大陆升起的第一面五星红旗

中国华侨历史博物馆　陈永升

《我和我的祖国》这部影片曾感动了无数人。影片的第一单元《前夜》，讲述的是 1949 年开国大典前，负责天安门广场旗杆设计安装工作的林治远等人克服重重困难，保障开国大典上第一面五星红旗顺利升起的曲折故事，令人热泪盈眶。在中华人民共和国成立之初，远在大洋彼岸的美国著名爱国华侨社团——纽约华侨衣馆联合会（简称“衣联会”）在美洲升起第一面五星红旗的故事同样让人动容。这面五星红旗如今由中国华侨历史博物馆收藏。

在美洲升起的第一面五星红旗

衣联会于 1933 年 4 月底在纽约成立。衣联会的宗旨是“以联络感情，集中力量，内谋维护同业之利益，外求取消限制华侨洗衣馆一切苛例”，成立以后为同业侨胞做了大量有益的工作。1949 年 10 月 1 日，中华人民共和国成立的消息传到美国，衣联会通过香港《华商报》获得了新中国国旗的设计图样和具体尺寸，并委托一家美国老牌制衣公司用高级毛料制作了两面五星红旗，以备使用。

1949 年 10 月，在纽约唐人街衣联会会所举办的庆祝新中国成立纪念活动时，在会所临街的旗杆上升起了一面五星红旗。当时升起的那面红旗，便是现在珍藏于中国华侨历史博物馆的这面五星红旗。这也是五星红旗第一次飘扬在美洲大地上。那时，中美两国尚未建交，美国对新生的中华人民共和国充满敌视，在美国升起五星红旗面临的压力相当大。亲国民党的保守势力不断对衣联会施压，甚至雇用地痞流氓对衣联会成员、会所持续进行骚扰，美国地方政府机构也劝说衣联会摘下五星红旗，息事宁人。但衣联会仍坚持每天将这面国旗升上旗杆。直到 1951 年，在美国政府的重重压力下，衣联会才将国旗摘下妥善收藏。2009 年 9 月，作为国庆 60 周年的观礼嘉宾，以陈锦棠为团长的衣联会一行 15 人访问北京。为表达对祖国的祝福，衣联会决定将 1949 年在美洲升起的第一面五星红旗捐赠给国家。在中国华侨历史博物馆藏品捐赠仪式上，衣联会访华团代表将这面五星红旗郑重交给中国华侨历史博物馆，并且表示这面五星红旗代表了美洲所有爱国华侨对祖国的一份爱。这面凝结着全美爱国华侨情怀的五星红旗代表着海外华侨。

纽约华侨衣馆联合会会员在捐赠给国内抗战用的救护车起运回国前留影

这面五星红旗长246厘米、宽150厘米，材质为全羊毛，虽历经71年时光仍然保存完好。由于制作时只是根据有关报道进行缝制，所以成品并不符合五星红旗的规制，四颗小星的角没有对准大星。可是，这面五星红旗是在美洲大地上升起的第一面五星红旗，它代表了美洲进步华侨社团对新生的中华人民共和国的支持，更是他们对祖国深情厚谊的反映。

中国华侨历史博物馆

中国华侨历史博物馆是首家全面展示中国海外移民历史和现状的国家级专题博物馆，现有藏品3万余件（套）。2019年被命名为全国爱国主义教育示范基地。1960年，中国华侨历史博物馆由著名爱国侨领、中国侨联首任主席陈嘉庚先生提出建设倡议，2014年10月落成，其宗旨是为侨服务、为社会服务、为国家服务，并广泛深入地开展华侨文物征集与保护工作，努力举办展览和交流活动，宣传展示华人华侨发展历史和精神文化内涵。

46

实现人民币防伪印刷的秘密武器

——145 甲型机

北京印钞有限公司陈列馆　王丽

在北京印钞有限公司陈列馆中收藏有一张“145 甲型机”模型照片，它是实现人民币防伪印刷——“多色接线”的秘密武器。

我国第一家采用“雕刻钢版凹印”工艺印制纸币的官办“印钞厂”——度支部印刷局成立于清朝末年，是北京印钞有限公司的前身，位于白纸坊火药局旧址。它印制的第一张钞票“大清银行兑换券”未及发行，清政府就灭亡了。这张钞票俗称“大清龙钞”，设计和印刷工艺极为精致美观，色彩却较为单一。1912 年，度支部印刷局改名为财政部印刷局。1920 年，财政部印刷局的一位技师看到西方钞票的一些图案由多种不同颜色的线条组成，且不同颜色之间对接完整，因此希望印刷局也能印制出多种颜色“接”在一起的彩色钞票。这位技师就是沈永斌。可是，西方国家对这种印制技术的专利保护极为严格，沈永斌只能在各种技术封锁和白眼冷语中独自潜心研究。终于，他研制出了“复色（接线）印钞机”。那么，什么是“复色接线”呢？

145 甲型机

当票面花纹的同一线条上出现两种颜色，颜色变化的接线处不分离、不重合、不错位，就是说让线条上的不同色彩能够自然过渡，这便是“复色接线”。这种色彩印制技术工艺精美，对技术和设备要求非常高，当时能够有构想和方案图已经极为不易。可惜，那时我国积贫积弱，这项技术没有实践机会，只能暂时束之高阁。而这一搁，就是 30 年。直到 20 世纪 50 年代，“复色接线”技术依然是国际上使用最多的防伪手段之一，可面对技术封锁，我们只能望洋兴叹。

当时还是年轻小伙子的李根绪找到已是花甲老人的沈永斌，希望继续研究复色印钞机。沈永斌高兴坏了，他将珍藏了 30 多年的复色印钞工艺原理和“复色（接线）印钞机”方案图拿出来，让李根绪继续研究，自己也参与到这场中断了 30 年的研发工作中。基于沈永斌的设计原理，李根绪与项目组及技术人员在没有经验、没有资料的情况下攻克无数技术难关，用 3 年多时间，终于在 1960 年年底成功研制出我国第一代国产印

第三套人民币贰元券上用过的复色印刷

钞机——平凸版一版四色接线印刷机，代号“145 甲型机”。145 甲型机突破了沈永斌复色接线中两种色彩接线的局限，实现了一版四色接线工艺技术，产品质量稳定，极大提升了印钞的防伪功能和艺术观赏性。

145 甲型机研发的成功，彰显了中国印钞产业工人自力更生、百折不挠、团结一致、求新求变的奋斗精神。从无到有，这是人民币发展历程中的斑斓跃进，是几代“中钞人”不断奋进的华彩乐章，更是中华民族追求复兴梦想的绚烂缩影。

北京印钞有限公司陈列馆

北京印钞有限公司陈列馆始建于 1988 年，位于北京市西城区白纸坊 23 号的北京印钞有限公司办公大楼一层东侧。展馆以建局、新中国成立、改革开放、2008 年现代企业制度改革这些具有历史意义的时间节点，分四部分介绍了 1908 年北钞公司成立至今的发展历程。

陈列馆收藏了自清末以来至中华人民共和国成立各个历史时期印制的钞票票样，真实再现了各个历史时期的风貌，是中国近现代金融史上重要的货币文化陈列馆。

47

寄石以情，胸怀国家

——朱德同志赠送的地质标本

中国地质博物馆　崔丽敏

在中国地质博物馆中有一组陈旧的盒子，盒子中放着大大小小 100 多块各种各样的石头，包括水晶、绿柱石、黄铁矿、钒钛磁铁矿、三叶虫化石及腕足动物化石等地质标本。

这些标本曾经的主人是朱德委员长。它们中有些标签已经模糊不清，具体产地也已不为人知。通过查阅“关于朱德委员长生前珍藏的地质标本清单”等资料我们了解到，这些标本来自全国各地，有的是朱德同志从矿山和地质队带回来的，还有一部分是矿山工作人员专门赠寄朱德同志的。标本中水晶数量较多，它们有的来自广东南鹏岛，有的来自新疆和田皮山县斗瓦水晶矿。其中有两件水晶标本个体较大，晶形较为完整，具有典型六方柱外观。水晶在矿物学上属于石英族，是重要的工业原料，广泛应用于玻璃、陶瓷、冶金等工业领域。同时高科技的发展也离不开石英，它被主要应用于

朱德同志赠送的地质标本（1）

光学仪器等领域。新中国成立后，百废待兴，国家大力推进现代工业体系建设，勘探寻找石英矿成为当时重要的矿业工作之一。

盒中还有一种六方柱状外观的矿物，呈绿色。它叫作“绿柱石”，是一种非常重要的战略资源，来自新疆阿克苏，可以用于提炼金属铍，被广泛应用于航空、航天和核工业等领域。

黄铜矿、钒钛磁铁矿、黄铁矿等一些金属矿物也是这些标本的组成成员。其中，一块红色的金属矿物质是赤铁矿，它来自河北宣化。虽然这块赤铁矿矿石仅 6 厘米见方，小小的个体上却可见赤铁矿典型的肾状构造。

这套标本里面还有孔雀石、方解石、岩盐、自然硫……它们虽乍一看并不起眼，却是当时制定国家经济政策的第一手材料，是 20 世纪五六十年代国家开发矿业的有力证明。

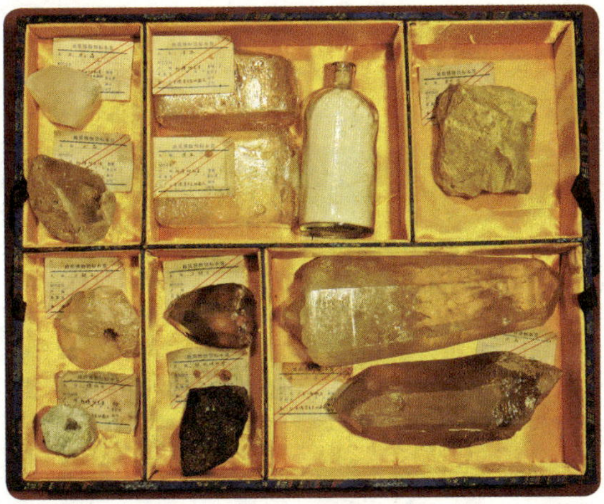

朱德同志赠送的地质标本（2）

朱德同志非常关心我国地质矿产事业的发展。在中国矿业发展早期，他每到一个矿区，总要询问那里的矿产勘探情况。朱德同志去世后，妻子康克清同志按照他的临终嘱托，将他生前珍藏的这些标本捐赠给中国地质博物馆。这组盒子里的每块标本都有着重要的历史背景，它们集中反映了新中国成立后，在中国共产党的领导下，地质工作者克服种种困难，对矿产资源进行勘探，助力国家经济社会发展的贡献。

2004 年 7 月 14 日，中国地质博物馆修缮完工开馆之际，朱德同志赠送的这批珍贵礼物被展示在观众面前。昨日的关怀、今日的鼓舞，这段感人的历史体现出老一辈无产阶级革命家对地质事业的关心、浓缩了对地质人的厚爱。翻开漫长的历史画卷，声声嘱托犹在耳畔。如今朱德同志捐赠的这些标本已经成为馆藏陈列的重要组成部分，朱德同志对地质事业的关爱将继续激励一代又一代的地质人奋进。

中国地质博物馆

中国地质博物馆创建于1916年，收藏地质标本55万余件，涵盖地学各个领域。其中有蜚声海内外的巨型山东龙、中华龙鸟等恐龙系列化石；北京人、元谋人、山顶洞人等著名古人类化石；以及大量集科学价值与观赏价值于一身的鱼类、鸟类、昆虫等珍贵史前生物化石；有世界最大的“水晶王”、巨型萤石方解石晶簇标本；精美的蓝铜矿、辰砂、雄黄、雌黄、白钨矿、辉锑矿等中国特色矿物标本，以及种类繁多的宝石、玉石等一批国宝级珍品。中国地质博物馆在开展藏品科学研究的同时，长期从事地层古生物学、矿物岩石学、宝石学和博物馆学的研究，并取得累累硕果。

48

木盆作舟

——渡江侦察记

中国人民革命军事博物馆

中国人民革命军事博物馆陈列着一个大木盆，长 171 厘米、宽 114 厘米、高 37 厘米，看上去没有丝毫特别之处。然而，正是这个木盆帮助解放军第三野战军侦察英雄齐进虎率领的侦察小分队，成功完成了一次惊险的侦察任务。

1949 年 3 月 15 日，齐进虎带领侦察小分队的 5 名战友坐上木船，向着位于长江中心的黑沙洲划去。黑沙洲位于安徽省芜湖市鸠江区，解放战争时，是人民解放军横渡长江的必经之路，也是国民党军长江防线的前哨。因此，解放军要想顺利渡江，齐进虎等人的侦察工作至关重要。

这天夜里，大雨倾盆，伸手不见五指，船夫只能把船摆渡到敌人岗棚的东面。齐进虎果断改变了原来的“摸哨”计划，带领宋协义、王林芳两名战士向敌人的一个地堡摸去；3 班长刘玉福带领 1 名战士在停船处附近警戒；另留 1 名战士和船工看守木船。正当齐进虎等人向东走了百余米远的时候，后面停船的地方响起了枪声。齐进虎根据枪声判断，敌人不会

齐进虎渡江用的大木盆

太多，于是当即回头，准备捉几个俘虏就乘船回去。可是因为发现敌人来犯，3 班长等人已被迫把船划到江心去了。宋协义、王林芳看着小船越划越远，内心十分焦急。齐进虎冷静思考后决定绕过敌人的岗棚，先潜伏进黑沙洲中心再想办法。

在黑沙洲东北角的一条大堤埂上，齐进虎等人发现一座孤零零的草房。齐进虎叫开了门，凄凄凉凉的小房子中住着 50 多岁的老两口。齐进虎告知老两口，他们是江北共产党的部队战士，到黑沙洲上侦察敌情，为大军渡江解放老百姓做准备，取得老两口的信任。

此后，齐进虎等人在群众的掩护下，几天的工夫就把黑沙洲的敌情摸得清清楚楚。当时，黑沙洲上所有的船只都被国民党守军收缴了，齐进虎等人几次试图与江北联系都落了空。终于，他们在一个牛棚里发现了一个大木盆。齐进虎眼前一亮：就是它了，这下可以渡江了。他们找来几块木板当船桨，把木盆抬到村外一条长满芦苇的小河湾里，趁着夜色悄悄练习划船。一开始，三个人一坐上去木盆就翻，一次，两次，三次……渐渐地，木盆有点“听话”了，人坐上去木盆能原地打转了。几天后，他们基本掌握了让木盆保持平衡的划行技巧。一天后，终于等到了渡江的机会。齐进虎等人在江边找到一个隐秘的地方，把木盆放入江中，宋协义和王林芳并排坐在前面，齐进虎坐在后边靠中间的位置。风浪中，他们奋力向江北划去。经过两个多小时的努力，他们终于到达了江北，把珍贵的江防情报送到了指挥机关。此时，距离大军渡江只剩 5 天时间。经过 31 个昼夜的侦察，齐进虎等人提供了国民党军在黑沙洲上的全部兵力部署情况和工事构筑等重要情报，为接下来的渡江战役做出了巨大贡献。战后，齐进虎被评为“华东一级人民英雄”。后来，他们渡江时用的木盆被中国人民革命军事博物馆收藏，列为一级革命文物。

今天，当我们再去看这个木盆时，仿佛能看见侦察英雄们夜幕下在长江中奋勇北行的英勇身姿。

49

要使长龙复旧观

——“万里长城第一人”罗哲文

中国长城博物馆　康佳

万里长城是中华民族自强不息伟大精神的象征，也是中华民族献给世界的珍贵文化遗产。然而自清代中叶起，长城便随着封建王朝的江河日下而逐渐失修，又在侵华战争的炮火下饱受摧残。20世纪50年代初，一个年轻人登上八达岭长城赋诗明志：“断壁残垣古墟残，夕阳如火照燕山。今朝赐上金戎刀，要使长龙复旧观。”这个年轻人就是我国著名的古建筑学家、被誉为“万里长城第一人”的罗哲文。罗哲文曾师从梁思成、刘敦桢等著名古建筑学家，是中国古建筑保护领域的泰斗、中国特色古建筑修复理论的奠基人，更是一名杰出的共产党员。

中华人民共和国成立后，长城的文物保护工作受到党和国家的高度重视。1952年，郭沫若同志提议：保护文物，修复长城，向国人开放。这一重要任务最终交给了文物局最年轻的古建筑专家罗哲文。由于长城分布范围广泛，只能选择重点地段率先进行修复，最终八达岭长城成为修复工作的第一站。

八达岭作为长城重要关口居庸关的前哨，层峦起伏，群峰叠嶂，素来以地势险要著称。由于条件有限，罗哲文每天只能骑着毛驴到长城考察，有时需要走上大半天才能到达山顶，考察完成往往已是傍晚，只好枕着荒野而眠。修复古建的重要原则之一就是要使用原材料，但这在长城修复中显得尤为困难，罗哲文和建筑工人们就到山沟里一块一块地把塌下的青砖收集回来。

1958 年，八达岭长城修复完成，基本恢复了长城原貌，正式向游人开放。古老的长城再次绽放光芒。此后，罗哲文还陆续参加了山海关、嘉峪关等多段长城的维护工作。

1985 年，侯仁之、郑孝燮、阳含熙和罗哲文参加了中国加入《保护世界文化和自然遗产公约》的申报工作。1987 年，长城被列入《世界遗产名录》。

半个世纪以来，S216 省道担负着京藏高速辅路职能，各种车辆横穿八达岭关城门洞，给文物保护带来了严重的安全隐患。为此，八达岭长城景区提出“八达岭过境公路”工程方案，将 S216 省道置换出八达岭长城景区。罗哲文对此项工程给予大力支持，并提出了指导性意见。最终，全长 7.27 千米的“八达岭过境公路”于 2011 年 8 月 31 日竣工通车，保障了长城主体的安全。

八达岭长城 · 春景色　陆军摄

八达岭长城 · 夏景色　陆军摄

八达岭长城 · 秋景色　陆军摄

八达岭长城 · 冬景色　陆军摄

从修复八达岭、山海关、嘉峪关长城，到为长城申报世界文化遗产，再到指导修建八达岭过境公路，罗哲文几十年如一日奔走在长城保护研究的第一线。甚至在八旬高龄的时候还担任团长，西出玉门关，沿着丝绸之路，历时近一个月艰难寻访汉长城遗址、楼兰古国遗址，并穿越被称为“死亡之海”的罗布泊。

“要使长龙复旧观！”当年那个站在长城的断壁残垣上郑重起誓的年轻人，用步伐丈量土地，用 60 载光阴保护长城，实现了自己的诺言。

中国长城博物馆

中国长城博物馆坐落于八达岭长城景区内，是一座以万里长城为主题的全面反映长城历史、军事、建筑、经济、文化艺术及现状的专题性博物馆。1994 年 9 月建成开馆，展厅面积 3200 平方米，主题为“世界奇迹 · 历史丰碑”，基本陈列由“两千余年 · 续建不绝”“长城内外 · 同是一家”等四个部分组成。目前，馆藏文物 2500 余件，是青少年了解长城、认识长城并进行爱国主义教育的基地。

50

洪水中的橙色逆行者

中国消防博物馆　周海滨　何祝同

在中国消防博物馆里陈列着一件消防指战员的抢险救援服，它看上去十分普通，亮眼的橙色在一次次的训练和救援中已渐渐褪去，磨损和划痕也很多。上面残留的泥污向我们无声讲述着一个可歌可泣的消防英雄的故事。它的主人就是优秀共产党员、一等功臣、安徽省庐江县消防救援大队原政治教导员陈陆。这件救援服就是当年陈陆所穿的战袍，见证了他英勇救灾的每一个瞬间。

陈陆的抢险救援服

2020 年 7 月，安徽省庐江县遭遇百年一遇的洪灾，面对突如其来的洪水，身为大队党委书记的陈陆带领全队指战员闻“汛”即动、向险而行，奔向了抗洪抢险的第一线。鲍井新村断水断电，陈陆凌晨赶到时，及时抬出被洪水困在屋内的孕妇；郭河镇遇险，陈陆把有腰伤的九旬老人背上艇，让老人靠在自己身上，并脱下救援服给老人垫腰；白湖镇还有群众没来得及转移，为加快救援速度，陈陆跳进混杂着垃圾和粪便的脏水里推着船走，在水里一泡就是一天。温暖、力量和希望，这是乡亲们对陈陆最多的评价，当他们看到陈陆和消防救援队伍，就仿佛在黑夜里看到了光明。

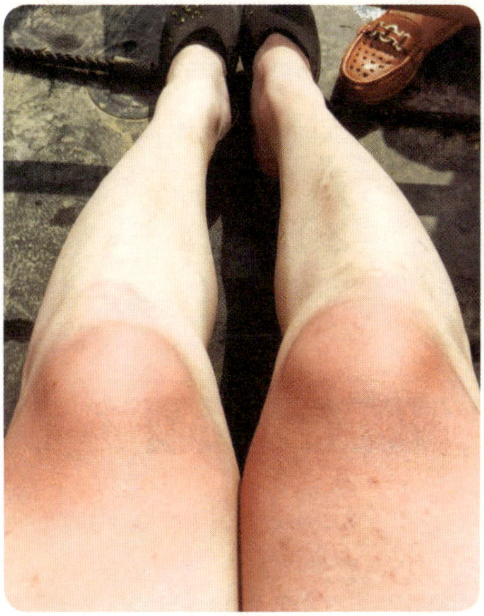
陈陆红肿的膝盖

7月22日凌晨，同大镇石大圩突发漫堤溃口，巢湖水倾泻而出，圩内4个村、5.8平方千米被淹，水位很快涨到了人的腰部，浑浊的水面下暗藏着电线、树木和塑料大棚，到处是看不见的凶险。此时，陈陆已经连续奋战了整整4个昼夜，他和战友们共接警411次，行进600余千米，成功营救、转移群众2600余人。经历了如此高强度的救援，战友们都劝他休息一下，可他却摆了摆手说："还有那么多人等着救援，咱们大队人又少，我必须去！"说完，他又火速赶往石大圩。在刚刚救出两位老人后，陈陆坐在岸边稍作休息。他不停地用手按摩着自己的双腿，因为长时间浸泡在污水里，两个膝盖早已红肿得像馒头，最严重时连脱下湿透的裤子都十分困难。

大队长方锐知道陈陆的情况后，再次提出让他轮休，陈陆却一边喊着"这片水域我熟悉，还是我打头"，一边毅然跳上首艇，担当起开路先锋。突然，远处堤坝传来几声巨响，就连正在封堵溃口的挖掘机一下子都被冲出去一百多米，洪水倾泻而下，在缺口处形成了可怕的"滚水坝"。"掉头！快掉头！"千钧一发之际，陈陆大声喊道。后面的4艘救援艇及时掉头避险，但是陈陆乘坐的橡皮艇却瞬间被掀翻，卷入旋涡。一个浪头打来，橙色的身影消失在洪水之中，陈陆年轻的生命永远定格在36岁。

陈陆牺牲了，他用生命践行了消防救援队伍"对党忠诚，纪律严明，赴汤蹈火，竭诚为民"的铮铮誓言，更唱响了一支共产党人敢为人先，无畏险阻的赞歌。英雄已逝，党和人民不会忘记，应急管理部批准陈陆为烈士，追记一等功。2021 年 2 月，陈陆当选为“感动中国”年度人物。

如今，陈陆的救援服被收藏在中国消防博物馆。新中国成立以来，600 余名光荣牺牲的消防英烈，用他们的英雄气概、为民情怀，激励着消防指战员永远为社会稳定、百姓安康而英勇奋斗，为新时代国家发展、人民幸福保驾护航！

中国消防博物馆

中国消防博物馆是国内唯一的国家级消防主题博物馆，2019 年 11 月完成整体复展建设并恢复开放。中国消防博物馆共 3 层，展陈面积 12000 平方米，以“传承消防历史文化、普及防火防灾知识、展示消防队伍形象”为宗旨，大力收藏陈列中国消防历史文化遗存、开展全民防火防灾普及教育、宣传消防队伍良好形象、传播优秀防灾文化和防范理念，是全国科普教育基地、全国中小学生社会实践消防安全教育基地。

51

一只压力锅，雪域海关情

中国海关博物馆藏品部

中国海关博物馆收藏有一口伤痕累累的高压锅。这口来自红其拉甫海关、满身伤痕的高压锅，记录着一段异乎寻常的艰苦岁月。

吃饭，是一个人最基本的生存需要，是生活中再平常不过的事情，然而对于红其拉甫海关的关员们却是一项挑战。红其拉甫，你可能从未听说过这个地方，但你或许知道帕米尔高原这个“死亡之谷”。在漫长的历史岁月里，红其拉甫一直是帕米尔高原上连接东西方“丝绸之路”的主干道。如今，它是祖国西北边陲连接中国与巴基斯坦的重要贸易口岸，是一代代红其拉甫海关人工作和生活的地方。这里“万山堆积雪，积雪压万山”，可谓“天上无飞鸟，地上不长草，风吹石头跑，氧气吸不饱，六月下大雪，四季穿棉袄”。红其拉甫在波斯语中是“要命的山沟”的意思，是不宜人类生存的“生命禁区”。

20 世纪 80 年代红其拉甫海关用过的高压锅

1969 年，中国与巴基斯坦开始边境易货贸易，喀什海关派驻“明铁盖工作组”前往海拔近5000米的明铁盖达坂设关，监管中巴边贸和旅客进出境。1970年，工作组迁移到海拔5200米的红其拉甫达坂。“一顶帐篷七个人，三头牦牛一口锅”，红其拉甫建关之路就在这样艰苦的条件下拉开序幕，红其拉甫海关人与吃饭有关的曲折故事也由此开启。

红其拉甫地势险峻，生活物资不能正常供给，断炊更是常事。当地传统食物——馕，就成了最受欢迎的“美味”。“美味”是相对于饥肠辘辘的肚子而言，对于味觉敏感的舌头却是折磨。放了十几天的馕又干又硬，只能掰成碎块，一点一点往干裂的嘴里塞。1972年，海关工作组下迁至海拔4700米的水布浪沟。由于高原反应，关员们头痛、恶心，难受得吃不下饭，可为了保持体力又不得不吃饭，有时甚至要靠命令强制吃饭：“谁不吃饭，就下山去！”大家谁都不愿意当逃兵，只能硬着头皮往下咽。

1984年，关址再次下迁至海拔4200米的皮拉力。吃饭，依然是个问题。但值得欣喜的是，他们终于有了一口高压锅，可以煮挂面吃。高压锅煮挂面，听着有点大材小用，但山上气压低，70℃水就开了，只有高压锅才能煮熟面条。可这样的做法却存在安全隐患。一位关员曾回忆说：有一天，他刚推开房门，就听到砰的一声，吓得赶紧缩回门外，等了一会儿没动静，进去一看，原来是挂面煮开后堵住了排气阀，高压锅爆炸了。这样的事情发生了很多次，有一次连锅盖都炸飞，把窗户砸出了一个大洞。为了吃口热乎饭，关员们只得与这口高压锅小心翼翼地相处。

因为这口高压锅，还有了一个典故叫“亚力坤的饺子”。亚力坤是一位关员的名字。一次，他为了给大家改善生活想包顿饺子，饺子皮的面粉是从牧民家借来的，没有擀面杖就用酒瓶子，饺子馅儿是罐头肉拌榨菜。终于包好了饺子，大家满怀期待。可用高压锅下饺子后，一打开锅，大家全都愣了。原来，由于没掌握好时间，饺子全煮烂了，成了“一锅粥”。大家笑着一人一碗分了这锅“粥”。从此以后，“亚力坤的饺子”也成了大家互相提醒煮饭时间的代名词。

1993年，红其拉甫海关和原检验检疫机构一同迁到海拔3200米的塔什库尔干县，逐步实现了关员们通电、通自来水的梦想，还建起了蔬菜大棚。那口“爆炸”过很多次的高压锅也光荣“退休”，收藏于中国海关博物馆。2017 年，根据边境管控工作需要，关口再次迁移至海拔 5200 米的国门一线。在长期工作中，红其拉甫海关关员形成了“特别能吃苦、特别能忍耐、特别能战斗、特别能奉献”的精神。2005 年，国务院授予红其拉甫海关“艰苦奋斗模范海关”荣誉称号。红其拉甫海关艰苦奋斗的精神激励着所有海关人为社会主义现代化海关建设而努力奋斗。

中国海关博物馆

中国海关博物馆是中华人民共和国海关总署直属的国家级行业博物馆，具有海关文物收藏保护、海关文化展示交流、海关历史研究和爱国主义暨海关职业素质教育等功能。博物馆基本陈列包括千秋古关、近代海关和现代海关三个部分。此外，还有“海关 902”艇专题展厅。博物馆现有藏品 32000 余件，涵盖了从战国时期至当代各个历史时期的海关重要文物。

52

“硬骨头战士”张春玉

铁道兵纪念馆　高丹

有一张珍贵的奖状收藏于铁道兵纪念馆中。这张奖状是中华人民共和国国防部颁发的，获奖者名叫张春玉，他被授予“铁道兵硬骨头战士”的称号。授予他该称号的缘由是：“一九六五年六月三十日在执行施工任务中，在发生意外塌方的危急时刻，舍生忘死，奋勇抢救战友，不幸身负重伤。”张春玉是谁？1965 年 6 月 30 日又发生了什么事呢？

张春玉获国防部“铁道兵硬骨头战士”称号奖状

张春玉，1941 年出生在河北省石家庄市一个贫苦农民家庭。1963 年 3 月，张春玉成为一名中国人民解放军铁道兵；1964 年加入中国共产党。同年，为了开发大兴安岭，国家决定修建嫩林铁路，张春玉随所在连队远赴大兴安岭加格达奇修建铁路。

1965 年 6 月 30 日，已经是铁 3 师 13 团 16 连副班长的张春玉带领战士们在朝阳山 1 号隧道施工，他们干劲十足地挥舞铁锹，装运石渣，开山放炮的爆炸声不绝于耳。一块坚石划破了张春玉的虎口，他摊开布满老茧的手掌，用嘴吸了一下流血的伤口继续干。突然，一块钢盔大的石头从隧道顶部掉下来打在战士郭凤堂的安全帽上，郭凤堂随即昏倒在地。与此同时，碎石不断下落，战士们立刻意识到这是大塌方的前兆。郭凤堂有生命危险！紧急关头，正在安全区作业的张春玉一个箭步扑到郭凤堂身边。这时，石块掉得越来越多、越来越大，眼看抬走郭凤堂已经来不及了。张春玉用尽全身力气将郭凤堂猛地一掀，让他脱离危险区。就在这一刹那，“轰隆”一声巨响，一块巨石塌落下来，巨石边缘的凹陷处把张春玉腰部以下卡住了，他的左腿被当场压断，右胸三根肋骨也被碎石砸折，张春玉顿时昏迷过去。卫生员赶来给张春玉注射了两针强心剂，战士们也想尽各种办法想搬开这块巨石。可是，用大绳拉，拉不动；用铁棍撬，撬不起……几分钟后，张春玉睁开了眼睛，像要说什么。战友把耳朵贴近他的嘴唇，只听他急切地说：“郭凤堂救出来没有？别的同志都好吗？快去救郭凤堂，我不要紧，快，快去……”听到这番话，在场的干部和战士一个个热泪盈眶。张春玉又对大家说：“别为我难过，要奋斗就会有牺牲，为革命流点血算不了什么！”

张春玉在巨石下足足被压了 2 小时 40 分钟，他用钢铁般的顽强意志承受着肉体上的剧烈疼痛。最后同志们合力用 7 个千斤顶支起了巨石，才把张春玉抢救出来。张春玉被紧急送往哈尔滨解放军 211 医院。当他清醒过来，看见那么多医护人员围着自己，不安地说：“你们先别管我，我没关系，快去抢救郭凤堂吧！”

在医院里，张春玉以惊人的毅力与伤痛做斗争。他的左腿粉碎性骨折，左胯骨脱臼，先后做过 4 次手术。在一次手术中他疼痛难忍，却鼓励医生说：“做吧，大胆地做吧，我能坚持住，只要能治好我的腿，让我回到连队修铁路，任何痛苦我都能忍受住！”经历了生死考验，张春玉的意志更加坚强了。出院后，他回到了日思夜想的部队，立下誓言：我这一辈子，愿做一把泥土、一块石子、一根枕木，铺在通往共产主义的大道上，让革命的列车从我身上通过，全速前进。当问起舍身救战友的感想时，他说：“这是我一生中感到最骄傲和自豪的事，虽然为此付出了终身残疾的代价，但我终身无悔。比起牺牲的战友，这算得了什么。幸运地保住一条命，就是让我留下来继续为党工作。”

1966 年 3 月，铁道兵机关给张春玉记一等功。同年 9 月，国防部授予他“铁道兵硬骨头战士”荣誉称号并颁发奖状。张春玉的精神感染和鼓舞了一大批参加大兴安岭会战的年轻人，张春玉成为军队和地方学习的榜样。

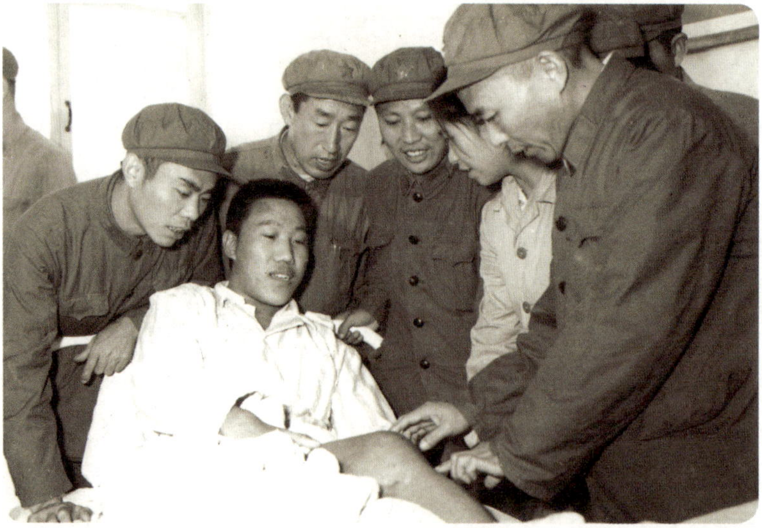

张春玉住院治疗期间，铁道兵领导和战友前来探望

53

“地下长城”中的抗日英雄马福

北京焦庄户地道战遗址纪念馆　赵东楠

北京焦庄户地道战遗址纪念馆的中央矗立着一座威严的雕像，常常引得观众肃穆而立。这座雕像皱眉蹙额，深深的皱纹饱含着苦难，笃定的眼神透露出坚定。这座雕像的人物原型正是焦庄户地道的发明人马福。

马福出身贫苦，早年曾闯关东。抗日战争爆发后，他积极组织村民同日伪军斗争，成了全村对敌斗争的带头人。1939 年，他加入中国共产党，是村里第一个入党的人。他还召集 30 多名青壮年建立起民兵自卫队，对抗日伪军的侵扰。一次，日伪军又来“清乡”，一个干部来不及向村外撤，老百姓就把他藏在白薯窖里，顺手将两捆山柴堵在窖口，逃过了抓捕。

马福雕像

受这件事的启发，马福找到村干部商量，可以多挖地洞作为隐蔽地点。白天他们选址，晚上悄悄开挖。这些地洞位置隐蔽，底大口小，人躲进去后在洞口横上一根棍子，再堆一些碎柴火，就什么都看不出来了。可这样的地洞人只能躲，不能逃，如果被敌人发现还是很危险。马福想，如果把各个地洞连起来，不就可以从别的洞口逃出去吗？说干就干，他开始一家一户地动员，一场地道战就此打响。为掩护大家挖地道，马福还派出小分队到日伪军据点骚扰；安排儿童团在村口站岗放哨，不让生人进村，保护地道洞口的秘密。经过一个冬天的奋战，地道从村里挖到村外，顺着土坡、坟墓等有利地形开了洞口、修了暗堡，还将地道主干线与各家隐蔽洞口贯通起来。

地道内

1944 年 4 月，地道刚挖好，日伪军又来“清乡”。民兵们利用地道，打得日伪军仓皇而逃；没过几天，一个叛徒带着日伪军包围了村庄，村民们闻讯全都下到地道，从村外的出口冲出包围圈，日伪军又扑了个空。这次，马福又发现了新问题：如果日伪军找到洞口往地道里灌水，或是点燃柴火扔进去用烟熏，那躲在里面的人还是很危险。正好县教育科科长徐进到焦庄户蹲点指导工作，马福就请他给出出主意。徐进提出了挖防水、防火、防毒气的“三防地道”的建议。在徐进的指导下，全村老少齐上阵，开始了地道改造工程，将地道变身为能藏、能走、能防、能打的“四能地道”。在马福的带动下，焦庄户南边的唐洞村、北边的大北坞村也都挖起了地道。就这样，村连村、户连户，地道连成片，总长达 11.5 千米的“地下长城”修筑完成了。

抗日战争时期，焦庄户民兵利用地道优势，共战斗 150 余次，击毙击伤日伪军 120 多人，缴获枪支 100 多支、子弹 3500 多发，战绩卓著。1947 年 11 月，冀东十四行署、十四军分区指示东部顺义县（今顺义区）人民政府，授予焦庄户村“人民第一堡垒”的光荣称号。

如今老村长马福早已去世，但他光辉战斗的一生和焦庄户光荣的历史连在一起，永远留在了人们的记忆中。他的雕像更像一座丰碑，让每一个来到这里的人永远铭记历史，永远保持一颗爱国爱家、不屈不挠的革命初心。

北京焦庄户地道战遗址纪念馆

北京焦庄户地道战遗址纪念馆位于顺义区龙湾屯镇燕山余脉歪坨山下，是中国人民抗击日本侵略者的一处重要战争遗址。纪念馆始建于1964年，2008年3月28日开始免费对外开放，是北京市唯一一家以地道为主要参观内容的教育基地。纪念馆占地72.9亩，包括展馆参观区、地道参观区和抗战民居参观区。展馆参观区包括“冀东抗战燃烽火”“人民战争建奇功”和“今日顺义更美好”3个展区。地道参观区是在1943年挖建的地道基础上，于1987年经过加高、加宽和加固处理修复的830米长的参观区。抗战民居参观区是战争年代焦庄户军民工作、生活以及开展敌后抗战的场所，包括老四区区公所、支前小院和瞭望楼等。北京焦庄户地道战遗址纪念馆是全国爱国主义教育示范基地，全国重点文物保护单位，国家级抗战纪念设施、遗址，全国百家中小学爱国主义教育基地。

54

南昌起义的“第一枪”

中国人民革命军事博物馆

在中国人民革命军事博物馆的展厅内陈列着一把 M1896 式德国造、7.63 毫米口径的毛瑟警用型手枪，在中国俗称“驳壳枪”。这把驳壳枪的枪号是 592032，弹匣可容弹 10 发。这种型号的手枪在第一次世界大战后开始批量进入中国，不过在数十万支枪中唯独这一把枪不同寻常——它是人们口口传颂的“朱德的手枪”，见证了中国革命史上打响武装反抗国民党反动派的第一枪。

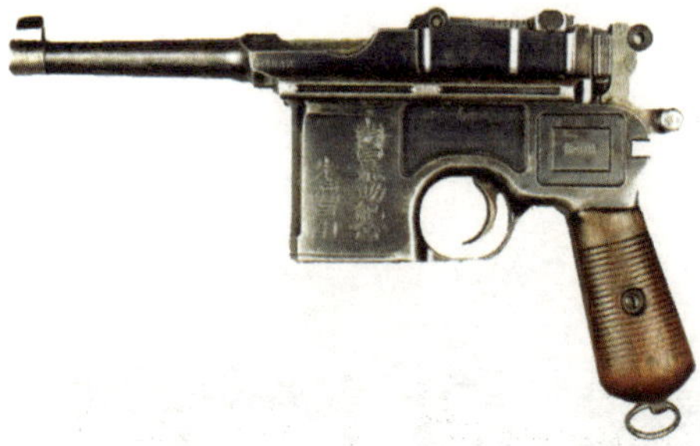

南昌起义中朱德使用的手枪

1927 年，大革命失败后，为挽救中国革命，中共中央决定发动南昌起义和湘赣边界秋收起义。为领导南昌起义，成立了以周恩来为书记的前敌委员会。当时，朱德任南昌市公安局局长，由于他对江西情况熟悉、工作条件便利，奉命先行从武汉返回南昌，为发动武装起义做准备。那时他身上佩带的就是这把驳壳枪。朱德秘密返回南昌后，设法争取南昌驻军的一些军官，并通过各种关系了解南昌市及其周围地区的兵力部署，精心绘制出标明军事要点的南昌市区图。周恩来秘密抵达南昌后，朱德向他详细汇报了南昌敌我双方的情况。

起义前夕，朱德按计划摆下宴席，“盛情”款待南昌驻军的两位团长，希望拖住他们。晚上 9 点多钟，驻军的一个副官突然急匆匆跑来报告：贺龙部的一个副营长来告密，说共产党要发动起义。两位团长闻讯起身就走。朱德随即赶往起义总指挥贺龙处通报了叛徒告密一事，前敌委员会当即决定提前两小时发动起义。

起义军以颈系红领带、左臂扎白毛巾为标志，朱德也把身上的驳壳枪系上了红飘带，前往国民革命军第 3 军军官教育团驻地。8 月 1 日凌晨，朱德高高举起手中这把驳壳枪，率领军官教育团杀向敌军，这是中国共产党在南昌打响武装反抗国民党反动派的第一枪。经过几个小时的激战，南昌城头飘起红旗，起义成功了！

南昌起义标志着中国共产党独立领导革命战争、创建人民军队和武装夺取政权的开端，开启了中国革命新纪元。从此，8 月 1 日成为中国人民解放军建军纪念日。南昌起义后，朱德在这支驳壳枪上刻下“南昌暴动纪念”“朱德自用”10 个字，以纪念南昌起义。

今天，当我们驻足于这把枪的面前时，仿佛听到了黎明来临前南昌城内的第一声枪响，看到了起义队伍中那一张张充满希望且坚定执着的脸庞，触摸到了那一面在南昌城头胜利飘扬的红旗。

55

解放牌卡车诞生记

北京汽车博物馆

在北京汽车博物馆里陈列着一辆解放牌卡车，记录着我国汽车工业发展的历史。

新中国成立前，可以说中国没有汽车工业，马路上偶尔能见到的汽车也是被称为“万国牌”的外国车，根本没有中国人自己造的汽车。为适应经济建设、国防建设和人民生活的需要，新中国急需创建自己的汽车制造厂。1949 年冬，毛泽东主席在访问苏联期间参观了斯大林汽车厂，当他看到一辆接一辆的汽车驶下装配线时，当即决定新中国也要建设这样的汽车工厂。两个月后，中苏两国政府签署《中苏友好同盟互助条约》。苏联援助中国建设第一个载重汽车厂，建厂地点位于吉林长春。

解放 CA10 卡车

1951 年，在长春建厂的提议获得中央批准。1953 年，毛泽东主席签发了《中共中央关于力争三年建设长春汽车厂的指示》，建设新中国第一汽车制造厂被列入第一个五年计划中。

1953 年 7 月 15 日，长春第一汽车制造厂奠

第一汽车制造厂奠基仪式

基典礼举行。毛泽东主席亲笔题写厂名，“一汽”由此得名。奠基仪式结束后，一汽建设工程正式上马，无数技术人员和工人开始为新中国的汽车工业事业奋斗。在一汽建厂过程中，虽然条件十分艰苦，但工作还是紧张有序地推进。在厂长饶斌同志的带领下，经过一汽人的不懈努力，仅用 3 年时间就在孟家屯的一片荒地上建起了一座现代化大型汽车制造厂。

1956 年，汽车生产进入试制阶段，汽车命名成了大家关注的焦点。在毛泽东主席的支持下，中国人自己生产的首个型号的汽车有了一个响当当的名字——“解放牌”。1956 年 7 月 13 日是一个改变中国汽车工业历史的日子，由中国人自己制造的第一辆汽车——解放 CA10 缓缓驶下生产线。7 月 14 日 8 时，总装线开出第一批 12 辆解放牌汽车。这批汽车进行了为期 41 天的道路试验，试验结果表明，汽车的装配质量以及动力性、经济性、耐用性符合设计要求。解放牌汽车试生产成功标志着一汽的建成。

解放牌汽车的诞生结束了中国不能制造汽车的历史，中国汽车工业实现了从无到有的历史性跨越。1956 年，解放牌汽车参加了国庆阅兵式。

第一辆解放牌卡车缓缓驶下生产线

在新中国成立的第一个 10 年里，中国汽车工业实现了重型卡车、轿车、高级轿车、越野车等车型的全系列自主生产，中国人终于圆了自主生产汽车的梦想。1986 年，生产了整整 30 年的“老解放”牌汽车停产。从 1956 年到 1986 年的 30 年间，解放牌汽车担负起了中国经济建设的运输重任。

在国家百废待兴的年代，老一辈一汽人用艰辛与智慧实现了自主造车梦，用坚韧与信念创造了奇迹，见证了我国汽车工业从无到有、从弱到强的发展之路。今天，“解放”品牌和自主精神将激励新一代一汽人不断勇攀技术高峰，早日实现中国汽车的强国梦。不负韶华，只争朝夕！

北京汽车博物馆

北京汽车博物馆于 2011 年建成开放，是国家公益性汽车主题博物馆。博物馆建筑面积约 5 万平方米，集博物馆、展览馆和科技馆“三位一体”职能。建筑造型创意为一只明亮的“眼睛”，寓意中国汽车工业放眼世界、面向未来的理念。展厅以“科学—技术—社会”为主题，设立三馆一区，跨越国家与品牌的界限，以开放的眼光、包容的胸怀展现世界汽车工业从无到有的百年发展历史，以及中国汽车工业的起步、发展与壮大，揭示汽车工业对人类文明和社会发展的重大贡献和影响。

56

那年的陶然亭，萌芽的红色梦

中国园林博物馆　杜怡

北京陶然亭公园是新中国成立后北京市规划的第一个城市山水园林，现在是北京市的知名公园，它地处北京城南，每天游人络绎不绝。但在一百年前，这里还是偏远郊区，人迹罕至，有“烟藏古寺无人到”的说法，却是许多爱国志士和革命者秘密集会、进行革命活动的绝佳场所。陶然亭公园以园中的亭子“陶然亭”命名，园中还有一座历史悠久的建筑慈悲庵。

1950 年陶然亭慈悲庵

1920年，毛泽东、邓中夏及辅仁学社在京成员就是在慈悲庵内一起研究如何驱除张敬尧，探讨救国道路。五四运动爆发后，革命浪潮席卷湖南，但遭到张敬尧的野蛮镇压。湖南人民对他恨之入骨，称他为“张毒”，从心底发出了反抗的呼声：“张毒不除，湖南无望。”

1919年7月，毛泽东等人在长沙创办《湘江评论》。在《创刊宣言》中毛泽东写道：“世界什么问题最大？百姓吃饭的问题最大。世界什么力量最强？民众联合的力量最强。”创刊号还揭露了张敬尧的滔天罪行，号召湖南人民联合起来参加到“驱张”斗争的运动中。为了进一步商讨“驱张”策略，毛泽东、邓中夏、匡务逊、萧子暲及辅仁学社在京成员罗章龙、王复生、李启汉、易克嶷、周长宽、陈远谟10人秘密集会，地点就选择在慈悲庵。会上，毛泽东通报了湖南的斗争形势、湖南各界赴京联合会到京后发动“驱张运动”的情况以及今后的工作。听了毛泽东的发言，与会者无不欢欣鼓舞，大家纷纷发表意见，广开思路、广聚智慧，共同商讨有关“驱张运动”的一些具体问题。会议决定，利用各种形式和手段继续发动群众，联合起来将“驱张”斗争进行到底。会议开到中午时分，与会者在慈悲庵山门外的古槐前合影留念。

在京期间，毛泽东常常与邓中夏、赵世炎、萧子暲等人漫步于陶然亭湖畔，交流对时局的看法，畅谈对未来的期待。他们来到陶然亭，穿过苇荡，登上窑台，举目瞭望，“万苇丛生，蔓草被径”，“苇蒿长可蔽人，雉兔窜跃蓬蒿中”，“坑谷皆满，至不可容”。面对这片满目疮痍的景象，这些年轻人心中筑建起重整河山、改造旧中国、创建新中国的雄心壮志。

北京“驱张运动”的高涨极大地鼓舞了湖南人民的斗志与决心。在湖南各界民众的强大压力下，在赴各地“驱张”请愿代表团的宣传下，全国舆论一致声讨张敬尧。1920年6月，张敬尧及其部下仓皇逃出长沙。自此，“驱张运动”取得了胜利。“驱张运动”是青年毛泽东脚踏实地，亲自领导民众大联合进行革命斗争的一次尝试，在毛泽东早期革命活动中具有重要的意义，对毛泽东的思想有着深刻的影响。

如今的陶然亭既是一处环境幽雅的游览胜地，也是一处承载着革命历史的纪念地，它凝聚着老一辈革命家为了中国的未来努力奋斗的革命精神。

中国园林博物馆

中国园林博物馆位于北京市丰台区，是中国第一座以园林为主题的国家级博物馆，是秉承“中国园林——我们的理想家园”建馆理念打造的“有生命的博物馆”，是收藏园林历史文物、弘扬中国传统文化、展示园林艺术魅力、研究园林价值的国际园林文化中心。全馆通过“馆园融合”的独特陈列格局，系统、全面地展示中国园林悠久的历史、灿烂的文化、多元的功能以及辉煌的成就，同时通过室内外六处实景展园展区体现南方、北方不同经典园林艺术的独特魅力。作为全国中小学研学实践教育基地、首都科普主题研学基地及市民终身教育基地，博物馆常年举办多元专题临展和科学、文化主题公益教育活动，是面向社会开放的公益性永久文化机构。

57

从一块腿骨发现古人类基因组

周口店北京人遗址博物馆　杨静

周口店附近的田园洞曾出土过一块古人类腿骨化石，如今珍藏于周口店北京人遗址博物馆中。通过这块腿骨化石，科学家们解密了几万年前的人类基因。

“我是谁？我从哪里来？要到哪里去？”是人类的终极问题，而要回答这三个问题就要从人类历史的源头去寻找线索。2003 年，考古人员在位于周口店龙骨山西南的田园洞里发现了古人类化石，距今约 4.2 万—3.85 万年，其中一块是人类腿骨。科学家们从这块腿骨入手，试图提取古人类的基因，找出他们与现代人的联系。但这并不是一件容易的事。

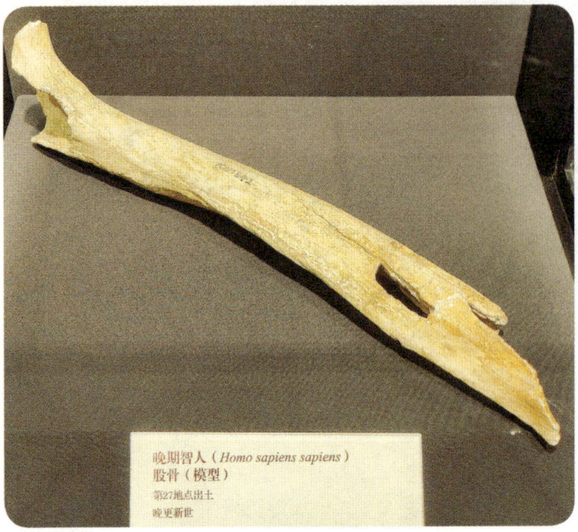

田园洞出土的古人类腿骨化石

2020 年 9 月 11 日下午，一场科学家座谈会在人民大会堂召开。其中一位科学家的发言被生动地形容为“最年轻的科学家讲一个最古老的研究课题”。她就是中科院古脊椎动物与古人类研究所的研究员付巧妹。早在几年前，古 DNA 领域的国际研究极不平衡，西方科研团队长期主导着这个领域的研究，当时还在德国马普研究所和美国哈佛医学院求学的付巧妹就感到一种“国人的责任感”。特别是当她主导的研究被评为“帮助重写欧洲最早的现代人类历史”时，她回国做科研的想法就更加坚定。她说：“身为一个中国人，我有责任用古人类遗骸的 DNA 去书写我们自己人群的历史，寻根亚洲人类的祖先！”

2015 年，结束国外求学和科研工作的付巧妹毅然回国，担任中科院脊椎动物演化与人类起源重点实验室副主任、古 DNA 实验室主任，组建了一支“中国制造”的古 DNA 研究团队。

2017 年，付巧妹带领团队从周口店田园洞人的腿骨中提取了目前为止东亚最古老的人类基因组，也是中国第一例人类古基因组。古 DNA 的提取绝非易事，经历长久岁月，高度降解的古人类化石早已被微生物“重度污染”。稍有不慎，化石还会沾染现代人的 DNA。付巧妹带领的科研团队开发了一种新技术，像“钓鱼”一样，即使在污染非常严重的情况下，也可以捕获微量的内源古 DNA。通过这种方法，他们最终成功提取了 4 万年前田园洞人的基因组。这项技术在全世界影响巨大，为一些过去很难获得的古 DNA 样品的取样提供了可能。

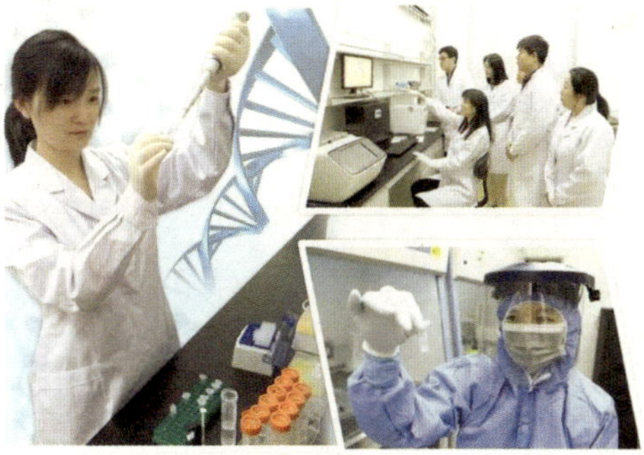

工作中的付巧妹

当然，研究过程并不是一帆风顺的。付巧妹也曾面临研究“有没有价值”的质疑，也曾遇到过经费短缺，但她从未想过放弃。在她看来，科学研究特别是基础研究并不能仅仅以经济价值来判断。她说：“这项研究本身就是研究人类演化，了解我们是谁，我们从哪里来，这是人的终极问题。我们如果对自己都不了解，对自己曾经怎样都不清楚，那又谈何了解现在、了解未来呢？”通过一块古人类腿骨，付巧妹和她的团队用实际行动肩负起历史责任，实现着科研报国，延续着中国科学界生生不息的精神力量。

58

卖花声，救国情

中国华侨历史博物馆　崔婕

“先生买一朵花吧！这是自由之花呀！这是解放之花呀！买了花救了国家！”抗日战争时期，这首由武汉合唱团演唱的《卖花词》曾传遍南洋的大街小巷。它真挚、朴实的歌词表达了广大华侨的爱国热情，它动人的旋律成为一代南洋华侨的共同回忆。时至今日，南洋老华侨回忆起当时的场景仍然激动不已。

谈到这首歌，还得从曲作者夏之秋的个人经历说起。夏之秋，原名夏汉兴，1912 年出生于湖北孝感市孝南区闵集乡栗树湾。他从小深受音乐熏陶，中学时代加入校铜管乐队，毕业后到华中大学攻读物理，后又考入当时中国唯一的高等音乐学府——音乐专科学校。

七七事变爆发后，上海时局逐渐紧张，夏之秋不得不中断学业回到武汉。为发挥所长，他在中共地下党的安排下加入了武汉市文化界抗敌工作团，并将自己的名字改为夏之秋，意在提醒自己祖国正处于危难存亡之秋。1937 年 11 月，他看到诗人光未然发表的诗作，当下决定为其谱曲，并命名为《最后胜利是我们的》，刊登在抗战音乐刊物《战歌》上，由此开启了抗战歌曲的创作之路。

夏之秋离开武汉前往南洋是出于一次特殊的机缘。1938 年 9 月，在陈嘉庚先生任主席的南洋华侨筹赈祖国难民总会的支持下，由陈仁炳任总领队、夏之秋任团长兼音乐股股长的武汉合唱团前往新加坡、马来西亚等地进行巡演。这曲《卖花词》即诞生于此次巡演中。歌曲为何以卖花为主题呢？据词作者潘受回忆，1939 年，新加坡处于英国殖民者的统治下，南洋华侨筹赈祖国难民总会为了扩大募捐范围、鼓舞抗日士气，动员南洋中小学生用花纸和铁丝扎成纸花沿街叫卖，为抗战筹款。时任陈嘉庚秘书的潘受由此受到启发，写了这首《卖花词》。夏之秋听闻深受感动，大哭一场，后为其谱曲，这才有了我们看到的这份《卖花词》乐谱手稿，而《卖花词》的首唱者就是武汉合唱团团员、年仅 18 岁的女高音歌唱家江心美。这首歌也因此成为募捐活动的必唱歌曲和武汉合唱团的经典保留曲目。

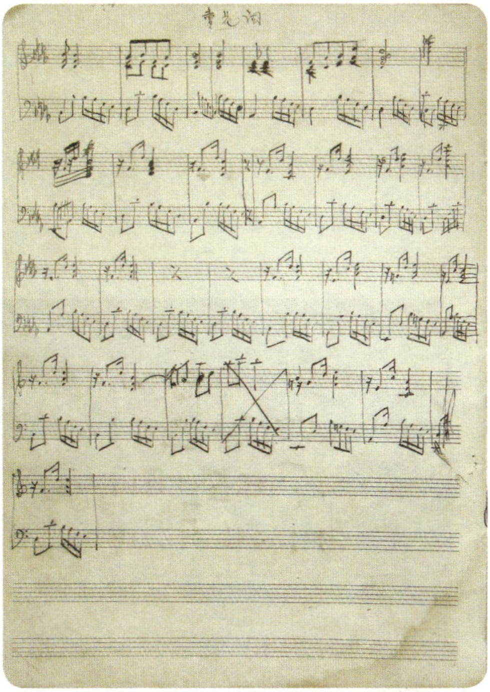

夏之秋作曲的《卖花词》乐谱手稿

《卖花词》的演唱取得了巨大成功，凡武汉合唱团所到之处万人空巷，华侨无不踊跃支持，捐款人数与捐款金额屡创新高，“歌词之雄壮悲恻、声调之激昂慷慨，感人至深，使观众莫不油然生山河破裂，急起救亡之念”。演出到高潮时，热情的观众甚至直接将捐赠的金钱、首饰抛到台上。即便是听不懂歌词的外籍人士，也被武汉合唱团团员们深厚的情感所打动，街头巷尾的商铺中也都播放着武汉合唱团演唱的歌曲。

从 1938 年 12 月开启巡演到 1940 年 4 月回国，在 1 年零 4 个月的时间里，武汉合唱团的足迹遍布新加坡、马来西亚，南洋各地侨领捐输巨款，就连印度尼西亚和欧洲、美洲等地的华人华侨也慷慨解囊，参与捐款的华侨达 210 余万人，共筹款叻币 230 万元（合国币 1150 万元）。武汉合唱团作为沟通国内与东南亚地区华人华侨的桥梁，起到了宣传抗战思想、为抗战募捐的作用，唤起了南洋华侨的救国热情，鼓励千万青年投入到祖国的抗战事业中。

2007 年，夏之秋夫人陈先炳女士将《卖花词》手稿等多项收藏捐赠给中国华侨历史博物馆。《卖花词》背后的这段感人事迹也将随着这份乐谱手稿一起被永远铭记与珍藏。

1939 年，武汉合唱团在新加坡演唱抗日歌曲（夏之秋指挥）

59

“200 号”精神：正奋斗、正青春

清华大学科学博物馆 尹菱 谷霖

清华大学科学博物馆收藏有一件安全棒驱动机构，它是由清华大学核能与新能源技术研究院捐赠的。这个部件个头不大，金属构造，是清华大学设备制造厂于 1964 年 4 月生产的。它安装在中国第一座自主设计、建设的核反应试验堆上，在反应堆发生事故时起到紧急停堆、防止核泄漏的作用。这个小小的部件不仅是当年核反应试验堆成功启动的重要安全保障，更是 20 世纪五六十年代清华师生“建堆报国、建堆育人”那段激情岁月的历史见证。

20 世纪 50 年代，国际安全形势日益严峻，党中央做出战略决策，一定要发展新中国的原子能事业。然而，新中国正处于百废待兴的阶段，缺钱、缺人、缺技术。当时，苏联专家对技术的援助是有条件的，如果不自行研制，从长久来看，中国依然是原子能工业的“门外汉”，既无法掌握核心技术，也培养不出专业人才。

安全棒驱动机构

1955 年 9 月，时任清华大学校长的蒋南翔从苏联考察回国后便开始部署成立清华大学工程物理系，并负责核反应堆的相关教研组工作。经过两年筹备，清华大学工程物理系的师生们决定着手建立我国首座自行研究设计、调试运行的核反应试验堆。在技术资料和物质条件都极为匮乏的条件下，系副主任吕应中挂帅，带领 100 多位青年成立了清华大学核反应试验堆与相关实验室的建设团队和研究团队。因为当时基建项目编号为“200 号”，所以“200 号”便成为清华大学核反应堆基地的代称，也特指清华大学核研院。

“200 号”团队成员的平均年龄仅为 23 岁半，包括青年讲师、助教、学生以及复转军人、基建和行政人员。当时，这些年轻人中很多人连核反应堆是什么样子都没见过，更谈不上搞过什么科学研究工作了；可供参考的资料也仅有一套苏联的小型核反应堆建造草图，还缺少关键部分的计算与工艺说明书，看起来十分费解。此时，正值而立之年的吕应中可谓临困受命，他带领大家以必胜的信念投入到建设工作中。为让大家在基地安心工作，他选择了离研究室最近的宿舍居住。

“200 号”原子能研究基地在昌平虎峪村开工时的合影

“200号”基地选址在北京市昌平县（今昌平区）虎峪村，位于北京远郊的荒野之上，几乎没有基础设施。然而，兴建核反应堆的工程又相当复杂，涉及十几个专业领域，其中有37项关键技术需要突破，还有67种专用仪器设备需要自行研制；需要兴建8幢建筑物，安装几百台仪器设备、几千套电气与机械部件和20余万米管线。同时，核反应堆对工程质量要求很高。例如，自动控制系统要求在不同室温环境下连续运行几百小时，精确地控制原子核分裂反应，要使每一批新增加的中子数额与前一批相同，千分之七的误差就可能引发难以挽回的事故。

在建设初期，科研与基建并行，技术人员、师生和工人一起干活儿，大家想要进城只能靠每周往返一次的大卡车。“大家夜以继日地干，经常晚上一干就干到天亮。东方发白，大家就到操场上跑步。从那时就形成了师生共同战斗的战友之情，也形成了核研院难能可贵的攻关精神。”面对一个个建设与技术难题，吕应中曾在总结报告中提到，当时，大家有一个工作原则：“尖端分解一般，一般综合成尖端”，就是从最简单、最低级的办法做起，将复杂的工作分解为一般的专业技术问题，利用扎实的专业基础逐一攻克，然后再将这些已经解决的专业技术问题进行整合，从而完成复杂的科学实验工作。

就这样，核反应堆技术攻坚任务一一落实，极大振奋了人心。与此同时，社会各界也纷纷伸出援手。据统计，在建堆过程中，清华大学先后得到校内外200多家单位的支援。经过6年不懈奋斗，“200号”团队排除万难，边学边干，在实践中成长，“游泳池式”屏蔽试验反应堆终于在1964年9月建成。9月27日，屏蔽试验反应堆手动启动一次成功。10月1日，自动启动一次成

1964年刚建成的屏蔽试验反应堆外景

功。屏蔽试验反应堆在反应堆多用途设计、自动化程度和安全性能方面超过了国外原参考设计的水平。

当年建堆练就的“知难而进、众志成城”的“200号”精神构成了清华大学核研院的精神之魂，激励着一代又一代清华人。对“200号”人来说，爱国情是炽烈的，更是具体的，那就是为了国家的发展敢于做前人未做之事，成就前人未成就之大业。正是一代代科研人员以身许国的坚定信念，奠定了中国科技强国的基础，世人当永远铭记。

（特别鸣谢：感谢清华大学核能与新能源技术研究院党委副书记张佑杰、清华大学图书馆研究员游战洪、清华大学党宣部郭莉莉等老师对本文的大力支持。）

清华大学科学博物馆

正在筹建中的清华大学科学博物馆位于清华大学美术学院与艺术博物馆之间，是中国综合性大学开设的第一个综合类收藏型科学博物馆，它将以科技文物和高科技互动展品相结合的展陈方式，再现人类科技史上伟大的科学发现和技术发明，再现清华理工科在中国近现代科技史上的辉煌成就，成为促进科学传播、激励科技创新的清华新景观。博物馆将组建三大常设展厅：科学源流（展示西方科学技术的发展历程）、天工开物（展示中国古代的技术和发明）、行健不息（展示清华理工学科的发展历史）。临时展厅将征集国内外珍贵科技文物进行主题布展。

60

化“腐朽”为神奇

——修复师与《龙藏》木板经

云居寺石经博物馆　王春艳

走进云居寺石经博物馆木器漆修复部，一块块写着编号的木经板整齐地排列在架子上，它们有的被虫蛀过，有的出现了裂隙和变形，有的则已经糟朽到快要断掉。文物修复师朱肇旌等人正在伏案工作，他们先对木经板进行干式清洁——拿软毛刷和棉签去除木经板表面的灰尘和霉菌，继而用蒸汽清洗机把经板表面的积墨软化，再用特制的竹签将卡在经板上的积墨一点点剔除。这些木质经板为什么须得如此小心谨慎地呵护？原来，它们就是大名鼎鼎的《龙藏》木板经。

《龙藏》木板经

《龙藏》木板经又称《乾隆版大藏经》，于雍正十三年（1735 年）开雕，乾隆三年（1738 年）竣工，至今已有近 300 年的历史。《龙藏》共 1670 部、7240 卷，雕成经板 79036 块，重约 400 吨；雕刻所用经板特选直隶（今河北）、山东出产的优质梨木，所雕经文字体秀丽，镌刻精湛，如出一人；佛像等图版以白描手法绘制，庄严而不失生动。

《龙藏》内容极其丰富，包含了历代流传下来的佛教经典和佛学研究著作，是至今保存最为完整且极具研究价值的佛学百科。据专家考证，世界上保存完整的汉文木刻大藏经只有两部，一部是韩国的《高丽藏》，另一部便是云居寺的《龙藏》。

《龙藏》木经板刻成后，最初存放在紫禁城中的武英殿，乾隆末年迁入北京柏林寺。300 年间，这批珍贵文物受到水浸、雨淋、虫蛀等严重破坏，大量经板出现裂隙、糟朽、变形等问题，个别经板甚至断裂、掉字，作为经板四周保护之用的“披麻挂灰”也有不同程度的破损，整体损毁非常严重。

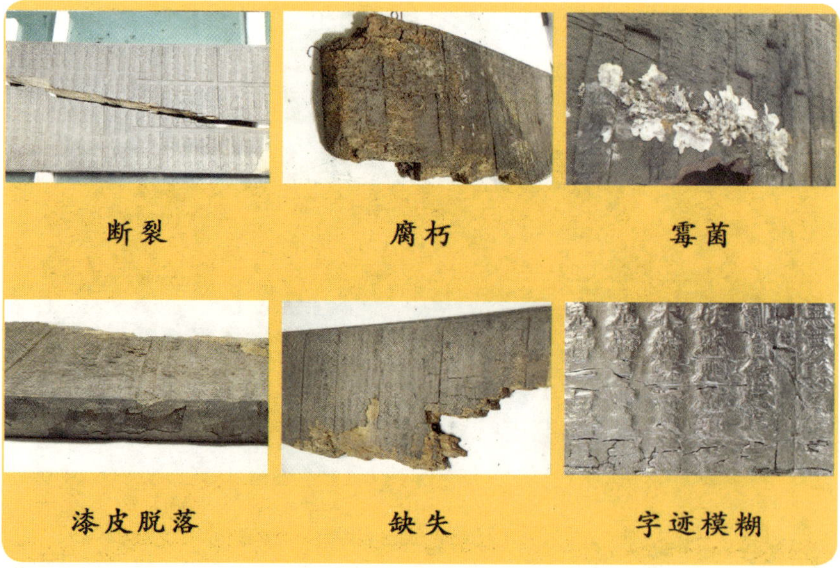

木经板病害举例

党和政府非常关心《龙藏》木经板的保护工作，为抢救这批珍贵文物，1982 年 7 月，经板被移至北京智化寺保存，由北京市文物局保管；1987 年 10 月，经板运抵大兴县（今大兴区）韩营古籍印刷厂进行印刷；1989 年 2 月，北京市文物局和房山区政府商定，经板刷印后不再运回智化寺，而是移至云居寺专门为《龙藏》建立的库房中存放。

2016 年，云居寺将木经板的保护修复工作提上日程。经过科学论证，北京大学考古文博学院对木经板进行了前期病害调查，并针对病害情况，先后编制完成“云居寺藏《龙藏》木经板文物保护修复计划书”及保护修复方案；2018 年 4 月，修复方案得到北京市文物局批复，获得中央财政对重点文物保护的专项资金支持。

2019 年，在试修复获得专家组查验肯定后，木经板的修复工作正式开启。此次文物修复除了邀请吴梦麟、罗炤、周宝中、刘恩迪等专家学者到现场指导工作外，几名文物鉴定与修复专业的青年修复师也承接了修复任务，朱肇旌就是其中之一。这群年轻人经常在修复台前一坐就是一天，他们很少说话，大部分时间都在和自己手中的木经板“交流”。对于这群年轻人来说，这项工作最重要的不仅是修复，还有保护。很多木经板因年代久远变得十分脆弱，往往看似完整，但木经板里边是空的，一碰就会塌下去。这不仅需要他们轻拿轻放，在修复的时候还要“悠着点劲儿”。在清理完成后，他们要按比例调成一种特制的胶，一遍一遍地刷在木经板上，让胶慢慢渗透进去，对木经板进行加固。经过专家与修复师共同努力，截至 2020 年年底已修复木经板 350 块。不久的将来，修复后的《龙藏》木经板将会以崭新的面貌向公众展示。

61

从一个“泥团”到一座博物馆

古陶文明博物馆　董瑞

古陶文明博物馆藏有一块盖有古代印章的干燥“泥团”。它看上去平平无奇，却被考古界、秦汉史学界的专家称为“是可以弥补《史记》《汉书》缺憾的珍贵文献”。

这个“泥团”其实是秦代的封泥，称作“秦封泥”，上面戳有小篆体印文“右丞相印”四个字。封泥，流行于战国秦汉时期，是古人封缄文书、信件、货物时盖有印章的泥团，是对印章最初的使用，可以理解为中国最早的保密手段。封泥的正面钤戳着呈报人或部门的印章，蕴含丰富的文化历史信息。毫无疑问，秦封泥的发现对于研究中国秦代历史具有重要意义。那么，究竟是谁慧眼识“泥”把这枚秦封泥带到了博物馆呢？他就是古陶文明博物馆的创始人路东之。

秦右丞相印封泥

路东之爱“做梦”，于是把自己的居室起名为“梦斋”。路东之也爱收藏，尤其钟爱泥团、瓦块，于是“梦斋”摇身变为文物库房，渐渐堆满了各色砖石泥瓦。在路东之的众多收藏中，封泥是最具学术价值的收藏之一。1995 年春天，封泥史上最大的机缘撞进了路东之的怀抱——他一下子见到了 200 多枚秦封泥。其实，这批封泥已经在西安和北京流转几遭，但人们都说是假的。然而，路东之却一眼认定，这些无人问津的“泥团子”就是货真价实的封泥，而且比他以往获得的汉封泥更早、更重要。他捧着封泥仔细端详，发现上面还保留着精微细腻的简痕、绢迹和绳孔，以及两千多年前先民团泥封检时留下的指纹、手印。那一瞬间，莫大的喜悦像电流一样击穿他的心灵与身体，他凭直觉判定这件事很“大”，一定隐藏着很大、很精彩的学术课题。

面对如此珍贵的先民文化遗产，他决定不惜一切代价收集和保护这批封泥。他竭尽全力筹措资金，进购了一批又一批封泥。价格一次比一次高，每次他都花光了身上所有的钱。路东之还对这批秦封泥初步进行了资料整理，然后带着一部分封泥实物找到了西北大学的周晓陆教授。二人一见如故，开始共同整理和研究这批秦封泥。二人合著的《秦封泥集》还入选了“国家教委人文社会科学研究‘九五’规划选题”第一批项目。一时间，秦封泥的发现和研究成了秦汉史学界、考古界的热门话题。路东之的努力避免了这批弥足珍贵的重要文物流失海外，甚至可能被无知者糟蹋殆尽，化为碎泥。至此，路东之收藏秦封泥的梦也算是圆满了。

但这还不够，路东之有一个更大的梦想——创办博物馆。作为一位收藏爱好者，他在追寻、收集、感受中华文化遗产之美的同时，也感到自己肩负着巨大责任，他决心以最积极的姿态，最大程度地实现藏品价值，保护和弘扬中华五千年灿烂文明。1996 年，北京市文物局筹备批准成立首批私立博物馆，路东之得知消息后激动得彻夜难眠。第二天，路东之便去北京市文物局递交材料。他的藏品的学术价值以及他为创办博物馆所做的努力，让相关负责人既吃惊又感动。

1996 年 10 月 30 日，北京市批准成立首批四家私立博物馆，古陶文明博物馆名列其中。这一天刚好是路东之 35 岁生日，圆了他想让更多人领略中华文化遗产之美的梦想。人们惊诧于路东之如此年轻便能收藏如此丰富且成体系的陶制品，却鲜有人知他的圆梦之路走得孤寂又艰难。是热爱与梦想让他一日日、一次次坚持下来。他热爱收藏，热爱泥瓦陶器，梦想着终有一天把“梦斋”堆满，梦想着提升文化遗产的价值和尊严，梦想着传承和弘扬中华优秀传统文化和民族精神。

今天，2000余枚秦封泥静静地躺在古陶文明博物馆的展厅里，封存着两千多年前的秘密，也承载着一位收藏者、博物馆人对中华文明和中华民族的满腔热爱。每个人都有梦，每个有梦的人都应为之奋斗。

古陶文明博物馆

古陶文明博物馆是中国大陆首批非国有博物馆之一，1997年6月15日开馆。藏品包括新石器时代彩陶及周、秦、汉、唐陶器，战国秦汉砖瓦和战国秦汉封泥三大系列，兼及其他相关领域约3000件出土文物，构成一部近乎完整而形象生动的古陶文明史。馆内常设展览由彩陶渊薮、瓦当大观、封泥绝响、古陶序列、文字的美奥和拆散的结构及其他6个专题系列近千件展品构成。古陶文明博物馆以保护和弘扬中国古代文化遗产为宗旨，最大程度地发现并实现其价值，将陶类文物的收藏保护、鉴赏研究、宣教展览、信息传播、艺术创作和产业开发融于一体，从而实现古陶文明的权威收藏、鉴定、研究与传播，发现与实现中华古陶文明的价值和尊严。

62

传媒博物馆的镇馆之宝

——熊猫 1501 收音机

中国传媒大学传媒博物馆　张涵烁　胡庭瑜　汪汶欣

收音机是 20 世纪五六十年代人们了解外界信息最便捷的途径。当时，国家对收音机的制造还进行“论资排辈”——评定等级，一般分为五个等级，特级、一级、二级、三级、四级，还有很多排不了等级的。在中国传媒大学传媒博物馆中，陈列着一台特级收音机——熊猫 1501。

熊猫 1501 收音机

熊猫 1501 造型独特，设计大胆，寓意吉祥：一侧是方形，一侧是圆形，天圆地方的中国传统设计理念在其外观上体现得淋漓尽致。收音机的正面面板采用高台阶造型，两边还有两个小凸起，是模仿故宫三大殿的高台阶以及宫门外放置的神兽。收音机的猫眼采用中国古典宫灯造型。左侧面板装饰图案上有 4 个铜制的蝙蝠纹样，中间则是一个寿字纹，暗含了中国传统的“福寿满堂”的寓意。不得不说，这是一台把中国传统文化和美学完美结合的收音机。

新中国成立之初，当时世界上主流的收音机是德国的德律风根和美国的 RCA 等品牌，中国一直没有掌握收音机的核心生产技术。经过组织人马攻坚克难，1953 年，南京无线电厂生产出了第一台全部零件由我国自主制造的收音机——红星 502-甲。1959 年，在庆祝中华人民共和国成立 10 周年之际，主管工业生产的一机部十局向南京无线电厂下达了一项任务，由其研制一款体现新中国工业十年发展水平的高级电子音响产品，产品外观要体现民族性，产品性能则要争取优于同类国外产品。此时，距离第一台“中国制造”的收音机的诞生仅仅 6 年。当时主持这项工作的总设计师是龚剑泉，外形设计师是哈崇南，两人当时都只有 30 多岁，但已经拥有多年工作经验，龚剑泉还曾参与了红星牌 502 收音机的设计生产。但接到这项任务时，他仍感到压力很大。收音机的生产涉及模具开发、元器件的生产等多个方面，并非一蹴而就。新中国收音机的生产历史不足 10 年，因此这个任务完成起来难度之高可想而知。但是，为了向祖国母亲献礼，南京无线电厂的员工们克服了重重困难，在一年时间内设计生产出熊猫 1501 型（特级）收音机。

那么，1501 这个数字是什么意思呢？ 15 代表这台收音机使用了 15 根电子管——电子管越多，产品灵敏度越高，设备也就越昂贵。01 和 02 分别代表收音机的生产序列，01 代表第一批机器，02 代表第二批机器。这一机型总共生产了三个批次，大约 400 多台。其中，1502 和 1501 外观完全一样，1501 比 1502 多了一个播放唱片的功能。根据档案记载，当时熊猫 1501 的售价为 4000 元。当时一名普通职工一个月的工资是十几元钱。由于是作为国庆十周年献礼机型，因此熊猫 1501 收音机是限量生产的，主要用于：一、作为国礼；二、放在人民大会堂、劳动人民文化宫等地作为电子工业成就展示；三、分配给驻外大使馆。熊猫 1501 收音机在造型上有着浓郁的中华民族风格，在电声综合性能方面赶上了当时国际同类产品的水平。熊猫 1501 收音机的诞生是中华民族自尊自强精神的体现，是社会主义中国集中力量办大事的体现。

中国传媒大学传媒博物馆

中国传媒大学传媒博物馆于2012年10月26日建成并对公众免费开放。博物馆分广播馆、电视馆、电影馆和传输馆4个分馆，展览面积5300平方米，馆藏藏品12000余件，形成“四馆七厅一条传媒走廊”的展示格局，重点展现国内外广播电视电影事业从诞生、发展到崛起的重要历史进程，凸显“历史传承、底蕴深厚、史料翔实、时代变迁”，办有思想的博物馆的建馆理念。2020年5月18日，博物馆荣获“第十七届全国博物馆十大陈列展览精品推介活动”精品奖，成为该活动创办23年来首个荣膺该奖项的高校博物馆。2020年8月，校史馆基本陈列入选国家文物局向社会推介的百项“弘扬优秀传统文化、培育社会主义核心价值观”主题展览。近年来，博物馆通过打造文化品牌——“中国高校博物馆馆长论坛”“全国高校博物馆优秀案例展示推介活动”等活动，全面提升文博学术、文化和科普服务水平，社会影响力和行业号召力显著提高，获得业界广泛关注与好评。

63

一张成绩单背后的故事

中国消防博物馆　傅海鹏　赵博

在中国消防博物馆的一面展墙上展示有课堂笔记、成绩单和毕业证书。其中的一张成绩单往往引人驻足，它背后的故事更耐人寻味。

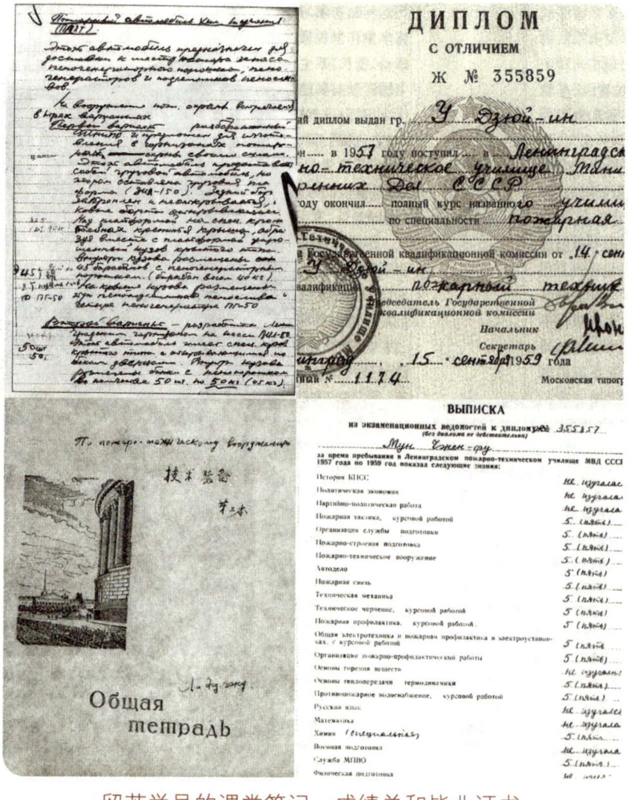

留苏学员的课堂笔记、成绩单和毕业证书

消防，在任何一个国家都是一项不容忽视的工作。但要构建起完善的国家消防体系，却不是一件容易的事情。新中国成立后，面对全国严峻的消防形势，中央政府着眼全局，于1955年在公安部增设消防局，全面指导全国消防工作。但当时的消防系统人才极度缺乏。于是，1957年我国选派了25名年轻军官远赴苏联留学，在列宁格勒消防技术专科学校系统学习防火、灭火技术等业务。在两年的时间里，25位中国学员起早贪黑，如饥似渴地学习消防知识。学员们深知到苏联学习的机会来之不易，唯有静心学习，才能不辜负祖国人民的重托和期望。大家形成一种默契：当天的课程当天消化，不完成作业不睡觉。学校老师称赞中国学员学习认真、刻苦、努力，不仅学习好，纪律作风也最好。

赴苏联留学的25名学员合影

在列宁格勒消防技术专科学校学习期间，有一门实践课程就是参加当地消防中队的执勤。中国学员们轮流参加第38消防队执勤，从战斗员做起，之后担任了班长、执勤队长等职务。执勤期间，每逢出警，中国学员便同苏联消防员一起共赴火场参加灭火战斗，学员们把出警称为接受“火的洗礼”。中国学员在灭火战斗中表现出的无所畏惧、一往无前的战斗精神，被作为模范典型在全校宣传。

身在异国他乡，学员们却心系祖国建设。两年里，他们按时收听中国广播，从未间断。每当收音机里传出《东方红》的乐曲，大家都十分激动，期盼听到令人鼓舞和振奋的消息。当时，国内正在进行轰轰烈烈的社会主义建设，学员们不能亲自为祖国建设出力流汗，于是主动要求取消国内工资，并将每月600卢布津贴减为400卢布；学员们还自觉将平时节省下来的津贴集中起来，请中国大使馆转交组织，以表达留苏学员支持社会主义建设的一点心意。

1959 年，中国留苏学员以优异的成绩毕业。归国后，他们成为新中国消防事业的中流砥柱。他们学以致用，编写了《中国建筑设计防火规范》《火灾自动报警》《防排烟系统》《防火检查手册》《中国火灾大典》《中国消防简史》等消防行业规范和专业著作，在防火、灭火、消防宣传教育等方面发挥了重要作用，为新中国消防事业的发展奠定了坚实的基础。他们在苏联学习时留下的课堂笔记、成绩单和毕业证书如今被中国消防博物馆收藏。

如今，我国消防救援事业已经发生了翻天覆地的变化。国家综合性消防救援队伍对标应急救援主力军、国家队等职能定位，立足“全灾种”“大应急”实战需求，完成了新时代综合消防救援力量体系的构建。中国消防人将无惧烈焰，砥砺前行。

64

农民王三妮与“告别田赋鼎”

中国农业博物馆　晁辛宁

鼎，是中国古代最重要的青铜器之一，被视为国之重器，是国家和权力的象征。不过，今天我们要介绍的这尊鼎可不是古董，而是中国农业博物馆收藏的一尊现代青铜鼎，名为“告别田赋鼎”。别看它“年纪轻轻”，却是我国农村税费改革的重要见证物。

这尊鼎通高 99 厘米，直径 82 厘米，重 252 千克。鼎身刻有精美的巨龙、瑞兽、祥云等图案，寓意国泰民安、社会和谐，上书铭文，共 560 个

告别田赋鼎

“告别田赋鼎”上的铭文

字，记述了从春秋时期到改革开放以来中国的赋税变迁对农民生活的影响。铭文的最后写道：“我是农民的儿子，祖上几代耕织，辈辈纳税。今朝告别了田赋，我要代表农民铸鼎刻铭，告知后人，万代歌颂，永世不忘。”铭文中的“我”，就是这尊鼎的铸造者王三妮——河北灵寿县的一位普通农民。王三妮一家 7 口人，14 亩地，过去每年要缴六七百斤小麦或四五百元的农业税。对农民来说，免除农业税是祖祖辈辈的梦想，而这个梦想终于在王三妮这代人身上实现了。

2005 年 12 月 29 日，十届全国人大常委会第十九次会议决定自 2006 年 1 月 1 日起废止《中华人民共和国农业税条例》，在中国延续了 2000 多年的农业税成为历史。得知这个消息后，王三妮高兴坏了。农业税取消后，他家不仅不用再缴钱粮了，还能够享受每年 200 多元的政府补贴，这算下来每年直接受益 700 多元。王三妮亲身经历了农村改革的全过程，切实感受到取消农业税带给他家的变化。为表达对党和政府的感激之情，王三妮决定带着家里人干一件大事！平日里他喜欢琢磨青铜铸造，手艺精湛，所以萌生了“铸鼎记事”的想法。他自行设计、自筹资金，花了一年多时间铸造了一尊青铜鼎，取名“告别田赋鼎”，目的是让子孙后代永远记住国家取消农业税这件大事。

2009 年 6 月，王三妮将“告别田赋鼎”捐赠给中国农业博物馆。这尊“告别田赋鼎”之所以值得收藏，在于它的时代意义，它是我国实行强农惠农富农政策、农村改革取得极大成就的重要物证。它不仅表达了王三妮一家的感恩之心，更代表了亿万农民对党和政府的感激之情。百年征程波澜壮阔，百年初心历久弥新。告别田赋，铸鼎记事，让我们继续谱写新时代乡村全面振兴的新篇章。

中国农业博物馆

中国农业博物馆是我国唯一的国家级农业博物馆，国家一级博物馆。博物馆现有展陈包括基本陈列《中华农业文明》、专题陈列《中国传统农具》《中国土壤标本》《彩韵陶魂——田士利捐赠彩陶展》，另有以农耕文化为主题的室外展园，是传承中华农业文明的殿堂、展示农业农村发展成就的平台、开展农业国际交流的窗口和品鉴农业文化的大观园。

65

中华人民共和国国旗诞生记

香山革命纪念馆　桂星星

在香山革命纪念馆基本陈列里展示着一件特殊的藏品，它是中华人民共和国国旗图案稿。不过，图稿上的图案与如今的国旗图案略有差异，这微小的差异记录着中华人民共和国国旗图案诞生的故事。

在中国共产党的领导下，中国人民经过28年的浴血奋战，推翻了压在身上的“三座大山”，取得了新民主主义革命的伟大胜利。为做好建立新中国的各项筹备事宜，党的七届二中全会批准了关于召开新政治协商会议以及成立民主联合政府的建议。中共中央向各民主党派、各人民团体、各社会贤达发出了召开政治协商会议的号召，得到了热烈拥护。

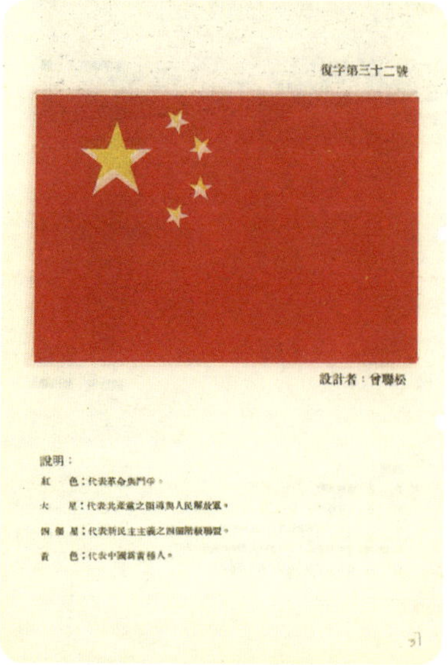

五星红旗诞生

1949年6月15日，新政协筹备会第一次全体会议召开。筹备会下设6个小组，其中第6组负责拟定国旗、国歌、国徽方案。第6小组起草拟定了《关于征求国旗国徽图案及国歌词谱启事》，在《人民日报》等各大报纸连续刊载了半个月。海内外中华儿女踊跃投稿，设计者来自各行各业，有干部、艺术家、工人、农民、学生……第6小组的组员和专家们经过反复审阅、讨论，把精挑细选出的38幅国旗图案统一编号后制作成册，送给各位代表审阅、研讨，其中就有曾联松的设计稿。

当时，在上海工作的曾联松看到征求国旗图案的启事后内心无比激动，决心用实际行动为即将诞生的新中国做出自己的一份贡献。既不是艺术家，也没有从事过设计工作的曾联松将自己对党的满腔热忱、对新中国的无限期许诉诸画笔。他经过反复构思，终于设计出五星红旗的图案，并在设计稿说明中表达了构思想法："大星位于左边（正立），四颗小星位于右边环绕大星，每颗小星均有一个角尖正对大星的中心，以表达广大人民心向党之意，似众星之拱北辰，犹鱼水之相融洽。"审查组在评选时，对曾联松的设计方案做了部分修改，编号为"复字第32号"。这份设计稿备受大家关注，大家一致认为，这个构思极为巧妙，动静结合，寓意丰富，旗面庄严漂亮。经过反复讨论，最终确定了五星红旗的设计方案：中华人民共和国国旗旗面的红色象征革命，旗上的五颗五角星及其相互关系象征着共产党领导下的革命人民大团结。五角星用黄色是为着在红地显出光明，黄色较白色明亮美丽。四颗小五角星各有一尖正对大星的中心，这表示围绕一个中心的团结，在形式上紧凑美观。9月27日，中国人民政治协商会议第一届全体会议表决通过五星红旗为国旗的方案。1949年10月1日，五星红旗在天安门广场上冉冉升起。自此，五星红旗飘扬在中华大地上，飘扬在每一位中华儿女的心中。

66

人民的播音员——齐越

中国传媒大学播音主持艺术学院　刘鹏

传媒博物馆　胡庭瑜　汪汶欣

中国传媒大学传媒博物馆收藏了一张全国优秀新闻工作者证书，该证书绿色封皮，印着鲜艳的红字，用黑色墨水书写的名字显得格外突出，这个名字便是“齐越”。这是为了表彰齐越同志在新闻工作中取得的优异成绩，特向其颁发的全国优秀新闻工作者证书。如今它静静地躺在传媒博物馆的展厅里，与展板上书写的齐越的铿锵之言相互守望，守望着一代代媒体人的初心与使命。

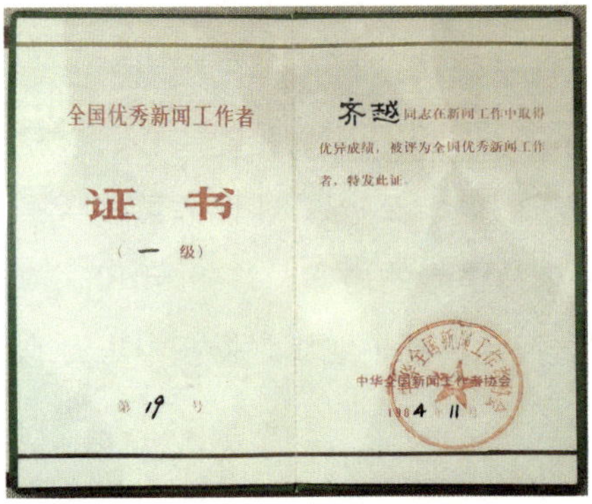
全国优秀新闻工作者

证　书

（一　级）

第 19 号

齐越同志在新闻工作中取得优异成绩，被评为全国优秀新闻工作者，特发此证。

中华全国新闻工作者协会

1984 11

全国优秀新闻工作者证书

1940 年 12 月 30 日，延安新华广播电台正式开播，它成为中国共产党联系全国人民的纽带和对敌斗争的锐利武器。

我是中国人民的播音员，中国共产党的播音员。我传达的是中国人民战胜艰难险阻，走向胜利的声音。我传达的是中国共产党堂堂正正的真理之声，我以此引为自豪。

与全国优秀新闻工作者证书交相呼应的是延安新华广播电台的复原场景。一个十几平方米的土窑洞里有一张木桌，放着一只话筒、一本字典以及一台陈旧的手摇唱机。但就是在这样简陋的环境里发出了一个响亮而振奋人心的声音“延安新华广播电台，XNCR，现在开始播音”。这个声音向世界庄严宣告，中国共产党领导的中国人民广播事业诞生了。党的播音事业就此开始，齐越作为党的播音员开始向全国人民传递党的声音。

1949 年 10 月 1 日，党中央把发出新中国广播第一声的光荣使命交给了齐越和丁一岚。这天，齐越身着一身灰色中山服，风度翩翩，精神焕发。在开国大典上，齐越和丁一岚配合默契，他们在话筒前一站就是 6 个多小时，全神贯注地把开国大典盛况一幕一幕地传达给了海内外的亿万听众。

> 各位听众，现在阅兵典礼就要开始了，朱总司令离开了阅兵台，坐着汽车经过了五色桥，到了桥的南面……

齐越以声震长空的气势、无比豪迈的气概向全世界发出了新中国广播第一声。

1966 年 2 月，中央人民广播电台播发了由新华社记者穆青、冯健、周原采写的长篇通讯《县委书记的榜样——焦裕禄》。

> 1962 年冬天，正是豫东兰考县遭受内涝、风沙、盐碱“三害”最严重的时刻……

齐越在录音时几次泣不成声，而就是这饱含激情的声音将焦裕禄的故事传遍了全国，震撼了亿万人民的心灵。

1975 年，齐越到北京广播学院任教。从此，他将全部精力投入到党的播音教育工作。作为我国第一位播音学教授，他心系国家播音事业，常常教导学生们要用延安精神去学习和工作，他的品格和信仰激励着一代代青年学子为党发声、为人民发声。

一本证书见证了党的广播事业的蓬勃发展。红色基因代代相传，红色声音永不消逝！我们是新时代的传媒人，我们是党的宣传员！正如齐越老师所说：“谁说语言是无形的、易逝的。我深深地相信，献给祖国的声音如同撒在神州大地上的种子，将开出不败的鲜花！”

67

开国大典上的特殊“见证者”

香山革命纪念馆　杨佳萍

在香山革命纪念馆里展示着两盏大红灯笼。两盏红灯笼尺寸超大，是香山革命纪念馆的镇馆之宝。这两盏红灯笼有什么来历呢？这还要从70多年前说起。

1949年10月1日举行中华人民共和国开国大典，主席台就设在天安门城楼。为了营造庆典的气氛，悬挂8盏大红灯笼的布置方案脱颖而出。因为灯笼在中国传统文化中是喜庆的象征，挂在天安门城楼上既能衬托出

香山革命纪念馆里展示的两盏大红灯笼

开国大典庄严隆重的氛围，又能充分营造喜庆热烈的气氛。设计方案通过了，但实现起来却不容易。30多米高的天安门城楼，那得挂多大的灯笼啊！经过评估，悬挂在天安门城楼上的灯笼，直径要超过2米！这么大尺寸的灯笼可不是谁都能做的。为找到能做灯笼的人，工作人员几乎跑遍了北京城，终于找到一位手艺人尹作滨。

工作人员说明灯笼尺寸后，尹师傅吓了一跳——这么大的灯笼，听都没听说过。灯笼还没开始制作，问题就一个接一个地来了，别说材料，就连制作灯笼的地方都成了问题。直径将近3米的大灯笼尹师傅家里根本放不下，他干脆把制作材料搬到了天安门城楼上，在那儿做起了灯笼。他们没日没夜地干，饿了，就一边干活儿一边啃干粮；困了，就倒在灯笼的骨架旁睡一会儿。就这样，8盏周长约8米、重80千克、有史以来最大的红灯笼悬挂在了天安门城楼上，庄重、气派、热烈、喜庆。500年间，天安门城楼目睹过封建王朝的兴衰，忍受过外国强盗的凌辱，聆听过五四运动激昂的口号声，这一次它装扮上量身定制的大红灯笼，见证了中华人民共和国的诞生！

开国大典上，8盏大红灯笼在明媚的阳光下显得分外耀眼，它们和天安门城楼完美地融为一体，古老的城楼绽放出从未有过的光彩。夜幕降临，8盏大红灯笼被齐刷刷地点亮，把天安门城楼照得亮堂堂的，天安门广场是一片欢乐的海洋。8盏大红灯笼不仅照亮了天安门城楼，更照亮了每一位中华儿女的心。

68

从京张铁路到京张高铁

——打造中国高铁新标杆

中国铁道博物馆詹天佑纪念馆　贾丰源

2019 年 10 月，一套京张高速铁路全线沙盘入住中国铁道博物馆詹天佑纪念馆，它生动、直观地展示了京张高铁的建筑结构和设计理念。这套沙盘由中铁建工集团有限公司捐赠，长 12 米、宽 3.5 米，按照地形比例 1∶20000、站房比例 1∶800 进行制作，还运用了计算机多媒体控制技术，可实现沙盘与视频的交互演示，能使观众直观、形象、全面地了解京张高铁的工程建设、智能技术与设计理念。

京张高速铁路全线沙盘

京张高铁于2016年4月开始建设，起点北京，终点张家口，2019年12月30日正式通车。1909年，那个在中国土地上基本依靠外国贷款和技术支持修建铁路的时代，也正是在同样的起点和终点，“中国铁路之父”詹天佑主持修建了京张铁路。它是中国第一条自行勘测、设计、施工和管理的国有干线，一经开通，便震惊了世界。如今的京张高铁是由中国自主设计建造的世界上首条最高时速350千米的智能高速铁路，它的开通再次吸引了世界的目光。

在国家《中长期铁路网规划》“八纵八横”京兰通道中，京张高铁是非常重要的组成部分。同时，它也是北京冬奥会的重要配套基础设施工程。正线全长174千米，同步建设9千米延庆支线，在下花园北站接入53千米的崇礼铁路，直达崇礼太子城奥运村。京张高铁建设施工难度很大，全线控制性重点工程为“一桥、两站、三隧”，“一桥”即官厅水库特大桥；“两站”即八达岭长城站和清河站；“三隧”即八达岭隧道、清华园隧道和正盘台隧道。

其中，八达岭长城站位于八达岭长城景区内，从外观来看，它似乎没有什么特别之处，但是它的秘密都藏在地下。它是一座地下车站，而这座“地下车站”也是全线控制性和重点难点工程之一。八达岭长城站包括地面和地下两部分，车站主体位于地下。该站在建设上占据了4个“全国之最”。其一，最大埋深102米，是目前国内埋深最大的高速铁路地下车站；其二，旅客进出站提升高度62米，是目前国内旅客提升高度最大的高铁地下车站；其三，车站主洞数量多、洞型复杂，是目前国内最复杂的暗挖洞群车站；其四，车站两端渡线段单洞开挖跨度达32.7米，是目前国内单拱跨度最大的暗挖铁路隧道。然而，与这4个“之最”相伴而行的是难以想象的施工难度。修建地下站时，不仅要考虑保护地上的世界文化遗产——长城和中国工业遗产老京张铁路，还要考虑地下复杂的地质条件。建设者们想方设法攻克了一道道技术难关，创造了新工艺，凸显了领先的铁路建设技术水平。京张高速铁路的建设不仅为冬奥会提供可靠的运输服务，而且对于方便沿线群众出行，促进社会经济发展都具有十分重要的意义。从1909年京张铁路建成，到2019年京张高铁通车，京张线见证了中国铁路和中国国力的飞跃式发展。

百余年来，一代又一代铁路人满怀爱国之情与报国之志，坚守铁路人精神，“前仆后继，矢志奋斗；逢山开路，遇水架桥；攻坚克难、敢于创新”，使高速铁路连接起中国的大江南北；百余年前描绘的铁路强国梦，在中国共产党成立一百周年的重要历史时刻，已经实现。这是胜利的时刻，也是再出发的时刻。中国共产党正领航中华民族驶向伟大复兴的新征程。中国铁路人将以勇于开拓的气魄和攻坚克难的精神，为实现铁路强国梦奋勇争先、建功立业。

69

新中国第一辆高级轿车

——红旗 CA72

北京汽车博物馆

在北京汽车博物馆里陈列着这样一辆轿车，它是让中国汽车享誉世界的旗帜，它凝聚了无数中国人的强国梦和民族情。在它身上，印刻着深深的红色记忆，它就是新中国第一辆高级轿车——红旗 CA72。

20 世纪 50 年代，只有美国和苏联能够生产搭载 V8 发动机的高级轿车。新中国成立后，我国在国事活动中配备的高级轿车，不得不使用大量的外汇进行购买，这对于国家来说是巨大的负担。1956 年，中国第一汽车制造厂在长春建成，一汽生产出了新中国第一辆汽车——解放 CA10 型载货卡车，我国不能自主生产汽车的历史宣告结束。但这只是个开始，国家对国产轿车的需求呼之欲出。

1958 年 5 月，一汽制造出第一辆轿车“东风金龙”。但对于中国汽车工业而言，“东风金龙”只是我国仿造而成的中档轿车。与国外高级轿车相比，中国的汽车制造技术还需要再提升，需要研发出更先进的高级轿车，解

新中国第一辆高级轿车——红旗 CA72

决高级轿车依赖进口的问题。

1958 年 7 月 1 日，距离八一建军节只有一个月的时间。由于时间紧、任务重，为解决制造高级轿车的难题，一汽张榜招贤，组成了由干部、技术人员、工人“三结合”的攻关突击队日夜奋战。红旗轿车 2000 多个零部件的设计制作任务被大家一一认领，一个又一个技术难关被攻克。中国的高级轿车一定要用中国生产的发动机。但没有图纸、没有资料，想要造出当时世界上最先进的 V 型 8 缸发动机简直是难上加难。历经 20 多个昼夜，由我国自主设计制造的 V8 发动机终于试制成功。

1958 年 8 月 1 日，新中国第一辆高级轿车红旗 CA72 试制成功，创造了中国汽车工业史上的奇迹。1960 年 3 月，红旗 CA72 轿车远赴德国，在莱比锡博览会上展出，被收录到《世界汽车年鉴》中，成为世界级名车，从此享誉中外。红旗轿车以其高端的制造技术、稳定的性能以及独具中国风格的审美造型为中国汽车工业赢得了荣誉，也极大激发了中国人民的民族自豪感。2012 年，以红旗 H7、红旗 L5、红旗 L9 为代表的高档汽车走入人们的视野，这标志着“红旗”轿车完成了涅槃。

从无到有，从小到大，中国汽车工业伴随新中国一起成长。从模仿到创新，从自主品牌到合资生产，再到自主品牌的全面崛起和升级，饱含着我国汽车工业每一代人的心血，显示出中国汽车工业奋斗与创新精神的薪火相传。

70

黄河古象重现旧时风貌，守护化石尽显爱国情深

北京自然博物馆　赵妍

在北京自然博物馆里陈列着一具高大的古象化石，它是迄今为止全世界发现的个体最大、保存最完整的剑齿象化石。它身高 4 米，体长 8 米，一对长牙如两柄宝剑一般，有 3 米长；最末端的脚趾完好无缺。它就是名噪一时、享誉中外，有着显赫身世的黄河古象。

这只古象的发现十分偶然。1973 年，甘肃合水县正在马莲河畔修建水电站。一天，工人们挖砂时带出了一块白色的东西，再仔细看崖壁上，隐约显露出两根长长的圆柱，有人猜测："这是龙骨！"水电站工程队的总指挥姜登盼听闻消息后迅速赶往现场。年过五旬的姜登盼 1938 年参加陕甘边区游击队，是一名老革命。他的思想觉悟很高，知道挖掘出来的"龙骨"属于国家财产，理应上交，归国家所有。他果断下令：不许乱动乱挖！在他的安排下，工人将挖掘现场保护起来，第一时间避免了化石的损坏和遗失。随后，

黄河古象化石

姜登盼立刻向相关部门汇报。那时，工地上没有电话、电报等通信设施，他就派人拿着一节“龙骨”到合水县文化馆报告。负责文物工作的许俊臣见到“龙骨”后不敢耽误，骑行 10 千米来到水电站工地。凭着多年的工作经验，他认出这是大型脊椎动物化石，于是立即汇报到了县里、省里。省里的专家赶往现场进行勘查。经甘肃省博物馆谢骏义和兰州大学地质教师谷祖刚勘查，他们认为这里很可能埋藏着一只古象。振奋人心的消息很快传到了北京。1973 年 4 月，中国科学院古脊椎动物与古人类研究所、甘肃省博物馆、庆阳地区文化馆以及合水县文化馆联合组建了发掘队，展开了历时 43 天的挖掘工作。

黄河古象化石前留影（右一为姜登盼）

古生物的挖掘是一项专业工作，需要经验、技术、智慧、耐心才能保证化石安全出土。锤子、铁锹、撬棍、剔针需要根据不同位置和情况使用，一个不经意就会导致化石断裂，而关键信息的破坏将阻碍后续对它的研究工作。如此大规模的挖掘工作对挖掘队而言可谓是空前的挑战，特别是古象化石的头骨内部有脆弱的蜂窝状结构，很容易破碎。为此，挖掘队用灌胶和裹石膏的方法先对古象化石进行加固，再去除围岩，这才保证了古象化石的安全。随着紧锣密鼓的挖掘工作，古象化石头骨、脊椎、肋骨、腿骨陆续从沙石中剥离出来。看着这个庞大的远古生命在大家的共同努力下重见天日，所有人都难掩内心的震撼之感与激动之情。

然而，这远远不是挖掘工作的尾声。挖掘出来的古象化石需要运到北京研究和装架。工作人员将古象化石分装进 12 只大箱子，再灌入石膏，避免运输中的磕碰。可这样一来，每只箱子就有约 3 吨重，运输又成了难题。当时，挖掘地点还没有通公路，怎么才能把这些几吨重的箱子搬上车呢？此时，古象化石出土的消息已经传入合水县的千家万户，他们决心一定要将国家宝藏送到北京去。数百名群众齐心协力，仅用 3 天便修成了

500 米长的简易道路。“东方红”拖拉机顺利开进来，将古象化石成功拖上公路。接着，长庆油田提供了两辆重型卡车，带着 12 箱古象化石前往西安西站。就这样，一批批群众众志成城，一次次传递小心翼翼，这只来自黄河的古象化石终于成功搭乘上前往北京的车。

古象化石抵京后，中科院古脊椎动物研究所的 30 多位专家对古象化石进行了修复和装架，这只数百万年前的黄河古象重新站立起来。根据研究，这只黄河古象是一种古老的剑齿象。古象因在黄河支流一带发现，被命名为“黄河剑齿象”。如此完好的大型脊椎动物化石，引起了世界轰动，成为 20 世纪古生物学的重大发现，不仅为长鼻类生物的演化研究提供了可靠资料，也为研究中国甘肃黄土高原生态环境的变迁提供了依据。

从发现上报到挖掘搬运，再到修复研究，已经数不清有多少人参与了黄河古象的复原工作。他们中的大多数人没能留下姓名，但正是每一个中国人将守护国之珍宝的心凝结在一处，将守护国之珍宝的力凝聚在一处，才让这只黄河古象走向世界，为我国古生物挖掘和研究赢得了全世界的赞誉。

北京自然博物馆

北京自然博物馆是新中国成立后筹建的第一座大型自然历史博物馆，主要从事古生物、动物、植物和人类学等领域的标本收藏、科学研究和科学普及工作。博物馆占地面积 15000 余平方米，建筑面积 21000 余平方米，展厅面积 10000 余平方米。博物馆馆藏标本 30 余万件，许多标本在国内、国际上都堪称孤品。博物馆是全国科普教育基地和北京市科普教育、研发基地，还被联合国教科文组织中国组委会命名为“科学与和平教育基地”，2008 年被国家文物局评定为国家一级博物馆。

71

《伯远帖》，不远行

故宫博物院　王思雅

北京故宫博物院馆藏文物多达186万余件，其中有的来自清宫旧藏，有的源自国家调拨，还有一部分藏品原本藏于宫廷，却因故流失海外最终收回，其中珍贵的东晋名家书法真迹——王珣的《伯远帖》就属于后一种。

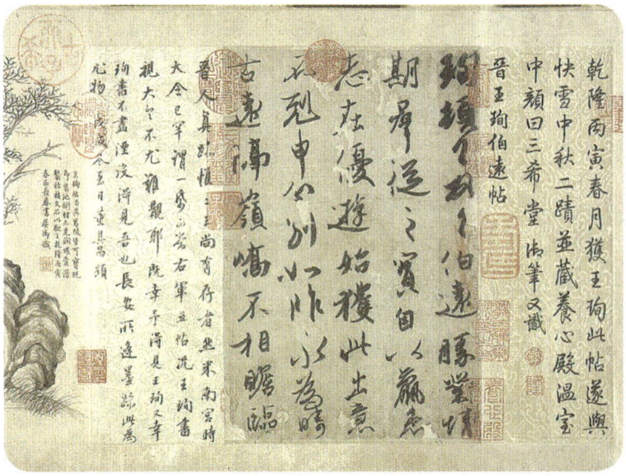

王珣的《伯远帖》

《伯远帖》是一封问候友人的书信，短短5行47个字，表达了王珣对友人病况的担忧以及天各一方的惆怅。此帖行笔自然流畅，俊丽秀雅，为行书早期的典范之作。乾隆十一年（1746年），《伯远帖》入藏养心殿的三希堂。与其一同收藏于三希堂的还有两件稀世珍品，分别是“书圣”王羲之的《快雪时晴帖》和他的儿子王献之的《中秋帖》。在这3件书法作品中，后两件均为摹本，唯有《伯远帖》为手书传世孤本，是现今世人公认唯一的东晋名家书法真迹，从中可以窥见1500年前琅琊王氏书法的至高技艺，其艺术价值和文物价值无可估量。这样一件传世珍宝收藏于北京故宫博物院，可谓历经周折。

《伯远帖》和《中秋帖》原一同藏于同治皇帝的敬懿皇贵妃所居住的寿康宫内。1924 年溥仪出宫时，敬懿皇贵妃将这两件名帖偷偷携带出宫，后流散在外，几经辗转后为收藏家郭葆昌所得。郭葆昌去世后，两件名帖归他的儿子郭昭俊所有。1949 年，郭昭俊携此二帖赴香港经商，由于经济困难，以此二帖质押向银行贷款。贷款到期后，郭昭俊无力归还，此稀世珍宝被银行拍卖。当时，许多外国商人蠢蠢欲动，觊觎珍宝，国宝面临流失海外的风险。得知消息的周恩来总理明确指示务必将国宝追回。

在《周恩来书信选集》中还有一封涉及这两件珍贵文物的信，信中称："同意购回王献之《中秋帖》及王珣《伯远帖》，惟须派负责人员及识者前往辨别真伪，并须经过我们现在香港的可靠银行查明，物主郭昭俊有无讹骗或高抬押价之事，以保证两帖顺利购回……"最终，经多方交涉，国家以 50 万港币重金购回这两件珍贵的书法帖。

这一举动鲜明地体现了中国共产党对祖国优秀文化遗产的重视和新中国的文物保护政策。新中国成立以来，无数珍宝在党和政府及各界爱国人士的共同努力下回归祖国。文物的回归除了其本身的文物价值与艺术价值外，更是祖国不断蓬勃发展的证明。重视文化引领，繁荣发展文化事业，中国文化正焕发出更加蓬勃的生命力。

72

新中国第一柄法槌

中国法院博物馆　吴鹏

中国法院博物馆珍藏着一柄特殊的法槌，它造型别致，雕刻精细，是新中国成立后的第一柄法槌。

2001 年初夏，福建省厦门市思明区人民法院几位年轻的法官正在位于鹭江东岸的办公楼里激烈讨论关于如何运用庭审工具维护法庭秩序。他们的这场讨论是有起因的。当时，厦门市某法院在审理一起刑事案件时，辩护律师不听法官劝阻，喋喋不休地引用外国法律套用国内案件，并无视审判长的指令，导致庭审无法正常进行。审判长多次口头制止无效，最后只能拍桌子让法警将辩护律师请出法庭。而这种现象在人民法院尤其是基层法庭中十分普遍。讨论中大家一致认为，面对突发情况，如果法官通过提高声音甚至拍桌子来维持法庭秩序，不仅影响法官形象，也有损法庭尊严。因此，庭审中迫切需要一种既能有效管理庭审秩序，又能体现法庭威严的工具，以帮助法官掌控庭审节奏，保证庭审顺利进行。但对于采用哪种工具，大家的意见有了分歧。有人提出可以借鉴西方法院使用的法铃；有人认为应该使用中国古代的惊堂木；有人提议使用

新中国第一柄法槌

国际通用的法槌。几种方案各有利弊：法铃声音响亮，但容易联想到课堂铃声，不利于彰显法庭严肃；惊堂木在中国古代司法审判中由来已久，但容易与县令、知府等形象联系在一起，不适合现代民主法治环境；法槌轻巧，在世界上大多数国家法庭使用，但不能充分体现中国文化。

经过多次讨论，时任思明区法院院长的陈国猛在综合大家意见的基础上，认为法槌仪式感强，承载了法庭的庄重和法律的公平正义等现代法治理念，决定以国际通用法槌为蓝本，设计一款既有中国传统司法元素，又能彰显现代依法治国精神的法槌。经过反复商量，大家决定把法槌槌头的上半部分雕成獬豸形象。獬豸是中国古代神话传说中的独角神兽，能辨明是非曲直、善恶忠奸，代表着司法公平公正。法槌槌柄雕刻麦穗和齿轮，呼应宪法中“中华人民共和国是工人阶级领导的、以工农联盟为基础的人民民主专政”的社会主义国家的规定。法槌底座做成方形，寓意法官方正，法律规矩。

在选择法槌材质时，课题组试验了近百种材料，最终选用了声音清脆的花梨木，并将底座的部分镂空，使法槌的敲击声响亮且回音悠长。终于，一款融合中国传统文化、当代国情与社会主义法治观念于一体的法槌诞生了。2001 年 9 月 14 日，审判长陈国猛在庭审中第一次敲响了这柄法槌。从此，思明区法院的庭审秩序得到有效维护。这一现象很快引起最高人民法院的关注。2002 年 1 月 8 日，最高人民法院下发文件，决定从 2002 年 6 月 1 日起，全国法院统一使用法槌。但考虑到制造成本和使用便捷，最高人民法院简化了法槌设计，保留了“第一法槌”的主体造型，采用了两头圆形的国际通用样式。

思明区法院设计的新中国第一柄法槌被收藏于中国法院博物馆，成为我国司法改革进程中独特的印记。如今，法槌已经在全国各级法院庭审中使用。第一法槌的敲响，虽然只是中国审判制度改革进程中的一个缩影，其中折射出的却是中国共产党领导下的人民法院提升司法公正和公信，促进司法人员不断提升司法能力和司法水平的努力。

中国法院博物馆

中国法院博物馆是最高人民法院主办的全国性行业博物馆，位于北京市东城区正义路4号，2016年1月6日面向公众开放。博物馆设有中国审判历史、人民审判历程和全面依法治国走向伟大复兴3个基本陈列展厅，青铜器、古代最高审判机构、法律古籍珍本、正义的审判、审判服饰、法院文化和时世沧桑东交民巷7个专题展厅，以及模拟法庭、法治课堂等普法互动区和法治影视放映厅。

73

一只写满签名的排球

——女排精神永流传

中国妇女儿童博物馆　徐珊珊

中国妇女儿童博物馆收藏着一件具有特殊纪念意义的展品，那是一只写满签名的排球。这只排球将带着我们回到40年前，回到那个激动人心的世界杯女子排球赛赛场。

1981年11月，第三届世界杯女子排球赛在日本举行。历经6轮艰苦的拼杀，中国女排进入决赛，与称霸球坛多年的日本女排狭路相逢。此时，在与日本隔海相望的中国，人们在电视机前屏息凝神，赛场上的一切都牵动着亿万人民的心。当时，中国奥委会在国际奥委会中的合法席位刚刚恢复，重登国际赛场的中国健儿翘首企盼用一个世界冠军来鼓舞士气。

中国女排“五连冠”时全体成员签名的排球

中国女排距离世界冠

军仅一步之遥。但日本女排却是一支不容小觑的劲旅。自 20 世纪 60 年代日本女排打破苏联女排称霸排坛的局面后，便成为亚洲女排“高快结合、积极防守”型的代表。1962 年至 1977 年间，在奥运会、世锦赛和世界杯等国际赛事中，日本女排六度夺冠，以“东洋魔女”的名号享誉世界排球界。如此强劲的对手作为东道主主场作战，中国女排姑娘们却无惧挑战。比赛开始后，她们大声呐喊、大力扣球，每次拦网、每个传球都带着一股绝不服输的劲头。1∶0！ 2∶0！凭着敢打敢拼的气魄，中国女排连下两城！但是，王者之路从来都不是一条坦途。经验老到的日本队发起猛攻，步步紧逼，将比分追成 2∶2 平。比赛进入了决胜局。第五局，中国队开局不利，以 0∶4 落后。中国女排姑娘们迅速调整状态，奋起直追，5∶4！比赛进入白热化，双方你来我往，陷入胶着。14∶15，日本队先拿到 15 分，此时中国队若再失一球便将与胜利失之交臂。15∶15，16∶15，17∶15！中国队赢了！中国女排赢得了世界冠军，实现了中国“三大球”在世界赛场上金牌零的突破，创造了中国奇迹！

喜讯传来，举国上下亿万同胞热泪盈眶，午夜的大街小巷变成了人民庆祝胜利的欢乐海洋。通过这场比赛，人们记住了郎平、孙晋芳、周晓兰、陈招娣、张蓉芳、曹慧英这些勇敢无畏的女排姑娘，更看到了她们身上流淌的祖国至上、团结协作、顽强拼搏、永不言败的精神。此后 5 年，中国女排姑娘们在世界各大赛事中奋勇拼杀，先后获得 1982 年世锦赛、1984 年奥运会、1985 年世界杯、1986 年世锦赛冠军，实现了中国女排“五连冠”的壮举，而她们的这种精神，给予全国人民巨大的鼓舞。从此，女排精神广为传颂，家喻户晓，深深扎根在中国人的心中，化作浓浓的解不开的情结，各行各业的人们在女排精神的激励下，为中华民族的腾飞顽强拼搏，为我们在新征程上奋进提供了强大的精神力量。

中国妇女儿童博物馆

中国妇女儿童博物馆是中国首家以妇女儿童为主题的国家级博物馆，是全国爱国主义教育示范基地、全国妇女爱国主义教育基地、全国中小学生研学实践教育基地、全国科普教育基地和全国家庭教育创新实践基地。多年来，博物馆紧密围绕党和国家中心工作，积极履行服务大局、服务社会、服务妇女儿童和家庭责任。馆内展览分妇女和儿童两大主题，集中展现了我国各个历史阶段妇女儿童的生产生活状态，突出反映了近现代中国女性追求民族独立与人民解放的杰出贡献，以及新中国妇女儿童事业发展取得的伟大成就。博物馆常年举办各类寓教于乐、丰富多彩的临时展览和社教活动，以其独特的展陈、完善的设施为观众营造了舒适优雅的参观环境。

74

《柳树井》

——新中国妇女解放的“一把火”

老舍纪念馆　何婷

《柳树井》，这部简短的、老舍先生自称“匆忙中写出的一个不很好的通俗小歌剧”剧本珍藏在老舍纪念馆中，它曾在全国各地用各种民间说唱形式上演，掀起了新中国一轮妇女解放运动的浪潮。

新中国成立前，妇女社会地位低下，有感于此，1949 年 11 月，北京市妇联创办了会刊《北京妇女》。在创刊号上，彭真同志发表题词：为消灭封建残余，提高妇女政治文化水平，为发展生产而奋斗。而《柳树井》就发表在该刊 1952 年 1 月 1 日的新年号上。说到这儿，你应该也能猜到这出戏的内容了吧？没错，宣传男女平等。但是，老舍先生为什么要创作这样一部剧本呢？

歌剧版《柳树井》

新中国成立后颁布的第一部法律就是《中华人民共和国婚姻法》。然而，婚姻法于 1950 年 5 月 1 日实施后，很多群众还没能转变思想，对婚姻法的重要性与必要性缺乏认识，甚至因为封建礼教思想的根深蒂固而产生抵触心理；有些基层干部认为“清官难断家务事”，没有对追求婚姻自由的妇女提供有效帮助。为保障婚姻法的顺利实施，1951—1952 年，党和政府开展了一系列关于婚姻法的宣传教育活动，老舍先生创作的这部《柳树井》就是在这样的社会背景中诞生的。这部戏仅 3 场，为便于人民群众理解，情节直白，演员不足 10 人。女主角是个叫“招弟”的小媳妇，13 岁被卖给王家做童养媳。而王家的儿子不幸早亡，招弟被婆婆和大姑子折磨，险些跳了井。村长以“清官不给断家常”为由不肯管王家的事。但经过普法宣传，他召开公审大会，惩治了虐待招弟的婆婆和大姑子，还成了婚姻法的宣传者，并支持养女自由恋爱。而招弟决定和邻居小伙、劳动委员结婚，一起轰轰烈烈搞生产。

《柳树井》在《北京妇女》上发表后，很快又在《说说唱唱》《剧本》等杂志上转载，同年宝文堂书店出版了曲剧、评剧等戏曲单行本，1953 年还出版了歌剧单行本。这部戏为何会有如此多的版本呢？这当然离不开人民群众的喜爱。其实，老舍最初创作这出戏就是应曲艺工作者的邀请。早在正式发表前的 1951 年 3 月，《柳树井》的雏形就曾以“北京曲剧”的艺术形式公演。剧本发表后，陆续涌现了多个剧种改编版。以黄梅戏为例，仅 1952 年 5 月至 6 月间，黄梅戏杰出的表演艺术家严凤英所在的安庆市黄梅戏剧团先后在安庆、上海演出了黄梅戏《柳树井》400 余场，观众达数十万人，这也是该团在新中国成立后改编的首部现代黄梅戏。正是各地曲艺工作者自发的传唱、演出，赋予了《柳树井》生命力，为婚姻法宣传添上了一盆炭火，火光温暖和照亮了无数妇女的心，让妇女真正顶起了新中国的“半边天”。

75

荒原中的“聚宝盆”

中国地质博物馆　刘璐

在中国地质博物馆里有一件特殊的藏品，它或许有些“貌不惊人”，却代表了石油人为祖国无私奉献的决心。它就是“柴达木之宝”——柴达木盆地第一处石油钻井出产的石油标本。

柴达木，在蒙古语中是“盐泽”的意思，因富含石油、煤，以及各种金属矿藏，被誉为“聚宝盆”。新中国成立后，百废待兴，作为“工业血液”的石油十分短缺。当时，外国的专家普遍认为“中国贫油”。在这样的形势下，中央决定组织全国范围内的石油地质勘查工作。

1954 年 3 月，国家决定派遣石油地质勘探队进入柴达木盆地进行地质调查。4 月下旬，一支由 484 人组成的柴达木石油地质大队由中国人民解放军某骑兵连护送分批进入了柴达木盆地。柴达木盆地环境十分恶劣，勘探过程实属不易，当时地质队有人编了一首顺口溜：“天上无飞鸟，遍地不长草。四季少雨雪，风吹石头跑。上面烈日晒，下面热沙烤。冬天寒风吹，夏天蚊虫咬。整月缺水喝，常年不洗澡。脸蛋黑又红，对象不好找。唯

柴达木之宝

有油气多，大家都说好。”这首顺口溜真实地表现了当年地质勘探队员们的艰苦生活，而其中蕴含的乐观主义精神令人动容。经过勘查，考察队向国家呈报了关于勘探开发柴达木盆地油气资源的报告，认为柴达木盆地油气勘探开发前景十分乐观。

1955 年 11 月 24 日，柴达木盆地第一口深探井——油泉子构造泉一井举行开钻典礼。12 月 12 日，该井钻至 650 米深时，原油从井口溢出，日产 2 吨多。经过勘探局进一步钻探研究，证明油泉子是一个浅藏油田，也证明柴达木盆地富有石油矿藏。

1956 年，青海石油勘探局全局职工怀着无比激动的心情，用盘尼西林小药瓶装上原油标本，用岩盐晶体雕刻成底座，制作了这件“柴达木之宝”。由岩盐晶体制作而成的底座约 30 厘米高，被雕刻成高低错落的 6 个格子，分别摆放着装有石油样品的玻璃小瓶，瓶身上贴着标签，分别写着“原油”“原油蒸馏产品　汽油”“原油蒸馏产品　煤油”以及“原油蒸馏产品　石蜡”的字样；标签的右下方注明了产地“油泉子”；在最下面的格子内还有一块黑色的标本，标签标识为“地蜡”。标本的底座采用的岩盐晶体，是柴达木盆地广泛分布的一种化学沉积矿物。当年，青海石油勘探局员工就地取材雕刻出这件底座——莹润的岩盐晶体表面呈磨砂质地，为石油标本增添了一份艺术美感，也充分表达了青海石油勘探局职工首次勘探出原油后的激动心情。

青海油田，这个诞生于 20 世纪 50 年代、位于柴达木盆地西北边缘的老油田，以巨大的资源潜力支持着新中国石油事业的发展。而这件“柴达木之宝”承载着新中国石油人取得突破性胜利后的振奋，承载着将“贫油国”这顶帽子甩到太平洋里去的决心，更承载着石油人为祖国无私奉献的精神。忆往昔峥嵘岁月，几代石油人艰难创业；看今朝百舸争流，新一化石油人继往开来。“柴达木之宝”是新中国地矿事业发展的荣耀见证。

76

方寸间见证 40 年巨变

——粮票的故事

首都粮食博物馆　张晶晶

首都粮食博物馆藏有一套非常珍贵的“开门票”，它曾经关乎着北京人的餐桌，也见证着那段特殊时期的历史。

1949 年 1 月 31 日，北平和平解放。由于连年战乱，国民政府经济崩溃，北平近 200 万人面临着粮食短缺的问题。食为民首，粮安天下。面对这样的情况，党和政府首先着手解决粮食问题。一方面，解放军接管了北

1953 年，北京市第一版粮票

平的物资供应，开办国营粮食公司，以较低的价格向市民出售粮食；另一方面，整顿粮食市场，打击“粮老虎”，平息粮食风波。新中国成立后，随着人口的急剧增加，粮食需求攀升。根据数据统计，从1950年至1953年，短短3年时间，北京粮食需求量增长了118.3%。在这样的社会背景下，故事的主角——粮票应运而生。

1953年，北京开始对面粉实施计划供应，采取定量分配，“面粉购买证”正式与北京人见面。这个小证件长10.1厘米、宽5.3厘米，共有4市斤、8市斤、10市斤3种面额，是北京市发行的第一套粮票，又称“开门票”。粮票的发行和使用采用定量和定点的办法。“定量”是按照不同年龄、不同职业将市民每月口粮分等次，定量最低的是刚出生的婴儿，每月六斤半；一般成年人每月30斤左右；最高的是首钢炉前工，每月60斤。“定点”是将全市上千家粮店分成片区，每户在指定片区的粮店购买粮食。那里，每家都有一个粮本，由专门的粮食办事处颁发，家里有几口人、每个人粮食定量多少，都记在粮本上。

所以，每个粮本不仅记录着每户家庭柴米油盐的开销，也记录了每个人的成长史和每个家庭的生活变化。随着改革开放的不断深入，粮票不再在人们生活中占据至关重要的地位。1993年5月，北京市宣布取消粮油票，伴随人们40年的粮票完成了它的历史使命。如今，人们的“菜篮子”早已发生了翻天覆地的变化。

一张小小粮票，见证了新中国在社会主义发展道路上走过的那段艰苦岁月；方寸之间更包含了中国共产党人坚持改革开放和对社会主义现代化建设道路进行的深入思考和不懈探索。

首都粮食博物馆

首都粮食博物馆由北京市大型农业国有企业——北京首农食品集团有限公司出资建造，是北京市唯一一家粮食行业博物馆，2019年10月开馆。博物馆是国家粮食安全教育基地和北京市粮食安全宣传教育基地，肩负着粮食安全宣传教育的重要职责。博物馆共有两层，由原大磨坊面粉厂旧厂房改造而成，展陈面积约为1000平方米。博物馆通过实物、老照片、情景再现和微缩场景等方式，并辅以多种先进展陈技术，立体呈现了北京粮食行业发展历程和主要成就，集中体现了北京粮食发展的地域特征和人文特色。

77

中国地质史大发现

——“模式口冰川擦痕”

中国第四纪冰川遗迹陈列馆　王玉玲

中国第四纪冰川遗迹陈列馆的“擦痕遗迹”展厅中保存着一处非常特殊的文物——数百万年前第四纪冰期遗留下的“模式口冰川擦痕”。

坐落于北京市石景山区的翠微山松柏林立、鸟语花香。在翠微山南麓坐落着一座自然科学类专题博物馆——中国第四纪冰川遗迹陈列馆（简称“冰川馆”），它是我国乃至亚洲唯一一座建立在第四纪冰川遗迹上的博物馆。“冰川”二字揭示了这里百万年前的样子：松柏翠绿的青山曾经是一片冰天雪地，巨大的冰川从这里划过，其中夹杂着的碎石块与露出地面的基岩产生摩擦，留下了深深的印迹。沧桑巨变，曾经的冰川地带变成了一片青山，那块留有冰川遗迹的岩石留在了山脚下的山体中，成为大冰川期的重要见证，也因此成为冰川馆中一处特殊的文物——“模式口冰川擦痕”遗迹。

这处文物的发现过程颇具传奇色彩。新中国成立后，为了解决北京城市饮水问题，北京市政府决定修建永定河引水渠。在勘测引水渠线路时，地质部水利工程师李捷在翠微山南麓模式口隧洞出口的过山渠线处注意到一块带有划痕的石头。他认为这块

“模式口冰川擦痕”遗迹

露出地面的基岩，上面的划痕疑似第四纪冰川擦痕遗迹，就将这一发现立即上报国家有关部门。著名地质学家、时任地质部部长的李四光亲自带领一队地质工作者来到了模式口村村北的翠微山下，对这块冰川擦痕进行考察。李四光对着擦痕面认真地观察，凭借多年对中国第四纪冰川的研究经验，他发现面前的冰川擦痕有三个特点：第一，上宽下窄呈钉头鼠尾状；第二，有一定的方向性，与山体走向一致；第三，擦痕较为圆滑，不像一般划痕那样尖锐。这几点完全符合第四纪冰川擦痕的特征。经过反复观察，李四光确定此处擦痕是第四纪冰川擦痕遗迹。

“模式口冰川擦痕”遗迹的发现，彻底推翻了西方学者关于“中国除了西部及西北部高山地区现今仍有冰川以外，从未得到冰期冰流现象到平地的证明”这一论断，对中国冰期问题具有决定性意义，因此也被苏联地质学家称为“揭开了亚洲地质史上光辉的一页”。通过以李四光为代表的地质工作者的努力，“模式口冰川擦痕”遗迹得以重见天日，它们经历了数百万年的地质巨变，见证了老一辈科学家们坚持真理、矢志不渝、努力奋斗的初心和使命。

中国第四纪冰川遗迹陈列馆

中国第四纪冰川遗迹陈列馆于 1989 年由原地质部、地质力学所和石景山区人民政府共同出资兴建，2009 年完成改扩建工程。陈列馆占地面积 6300 余平方米，展厅面积约 4500 平方米。其中冰川馆是我国乃至亚洲唯一一座建造在冰川遗迹上的自然科学类博物馆，是以冰川为主题的自然科学类展馆。1957 年 10 月 28 日，“模式口冰川擦痕”被北京市政府公布为第一批文物保护单位。

78

"一张老照片"背后的防雷工程

故宫博物院　高宏远

提到北京故宫博物院的藏品，你可能会想到名家字画或珍贵瓷器。其实，在这些耀眼夺目的奇珍异宝背后，还有许多默默记录故宫历史瞬间的老照片，它们同样是故宫的珍贵藏品。

这张拍摄于1957年的老照片距今已有60多年历史，照片反映的是在故宫安装避雷装置这一历史事件。故宫是我国现存规模最大、保存最完整的木结构宫殿建筑群，至今已有600多年的历史。木结构建筑最怕的就是发生火灾，而造成火灾的原因很多都与雷击有关。在历史记载中，故宫遭遇雷击数十次，仅三大殿就曾多次因雷火烧毁。据《明实录》记载，嘉靖三十六年（1557年）四月，"奉天等殿门灾。是日申刻雷雨大作，至戌刻火光骤起，初由奉天殿延烧华盖、谨身二殿，文武二楼，左顺、右顺、午门及午门外左右廊尽毁，至次日辰刻始熄"。由此可以看出，当时由雷击引发的大火直接将三大殿焚毁，而且一直向南烧去，将午门及附近的建筑全部付之一炬。清代也发生过此类事件。乾隆四十八年（1783年）六月，太和殿前的体仁阁遭雷击烧毁。

安装避雷针时提取屋脊宝匣过程

由此可见，在没有避雷设备的古代，高大的木结构建筑物很容易成为雷击的对象，而且一旦被雷击中，常常面临被烧毁的命运。

那么，古人面对这一问题有什么解决办法呢？在多座宫殿的正脊中，文物工作者都发现了四四方方的金属匣子，这是古人放置在建筑物重要部位的“镇物”，称为“宝匣”。宝匣中往往盛放着金、银、铜、铁、锡“五金”元宝，五色丝线，五谷，铜钱，宝石和药材等，有的还会放置经文、如意等。除此之外，屋脊上的脊兽也包含祈福消灾的美好寓意。古人认为这样可以保佑平安，其中也寄托了希望建筑物免遭雷击的祈愿。但这种宝匣常由导电的金属材料制成，反而更容易遭到雷击。1955 年 8 月 8 日晚，午门东雁翅楼和位于雁翅楼东北、东南的角亭遭雷击，受到不同程度的损坏。1984 年，承乾宫遭遇雷击，被击中的部位恰恰就是藏在建筑物正脊内的宝匣的位置。

为确保文化遗产的完整与延续，避免此类危险再次发生，原文化部对午门修缮工程做出重要批示，其中一点就是关于“避雷针的安装问题”。批示中说：“希你馆与专门安装单位联系研究。拟出方案报局，批准后再进行安装。”在此之前，国内在古建筑物上安装现代避雷针并无先例。接到批示后，故宫古建部专家与北京市建筑设计院工程师共同研发，设计出了适用于古建筑的现代避雷装置。然而，在古建上安装避雷针并非易事，首先要做到尽量不破坏或少破坏古建筑的原貌。最初安装避雷针时，接闪器的线路都隐蔽在了屋檐的筒瓦下；在做接地装置时，为防止出现电流伤人，接地体必须深埋，但高大的古建筑下多为石质基座，不易埋设接地装置。但这些问题也都在古建专家的不懈努力下被一一化解。1957 年，故宫在易遭雷击的 17 座高大建筑上安装了首批避雷装置，开创了我国古建筑安装防雷装置的先河。

如今，随着更多配电设施及电子设备的安装，古建筑的防雷装置面临着新的挑战。在“平安故宫”理念的指导下，故宫人不断提高安全意识，不断引入安全技术，时刻保护好这座古老的紫禁城，传承、弘扬它所承载的中华优秀传统文化，迎接它的下一个 600 年。

79

一张“生死契约”与18枚手印的故事

中国农业博物馆　张时雨

在中国农业博物馆《中华农业文明》近现代展厅里陈列着一张契约：纸张已经泛黄，纸上有十几枚鲜红的手印，处处饱含着岁月的痕迹。在这张契约上，字迹依稀可见：

> 我们分田到户，每户户主签字盖章，如以后能干，每户保证完成每户的全年上交和公粮，不在（再）向国家伸手要钱要粮。如不成，我们干部坐牢杀头也干（甘）心，大家社员也保证把我们的小孩养活到十八岁。

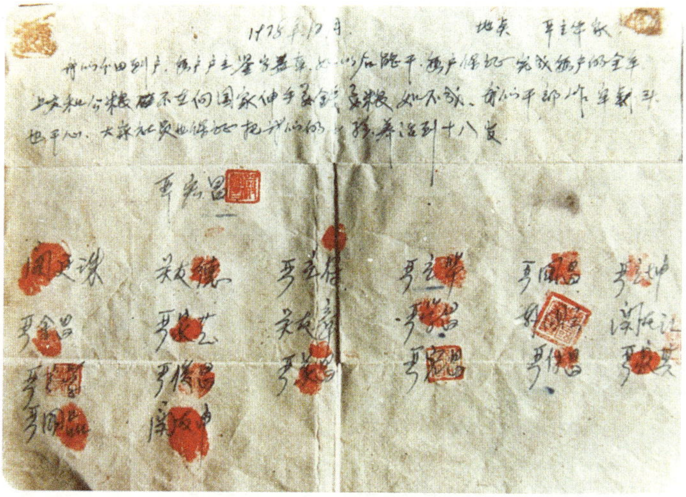

1978年，安徽省凤阳县小岗村18位农民签下的“生死契约”

这便是 1978 年安徽省凤阳县小岗村 18 位农民冒险签下的“生死契约”。就是这份契约，拉开了中国农村改革的序幕。

1978 年前的小岗村“吃粮靠返销、用钱靠救济、生产靠贷款”，是远近出名的“三靠村”。1973 年至 1976 年间，全村全年人均口粮仅有 200 斤左右，年人均收入不足 30 元。吃不饱肚子的小岗村人终于忍不住了。1978 年冬天的一个夜晚，时任小岗村生产队队长的严俊昌和副队长严宏昌、会计严立学召集全村在家的 18 户户主聚集在严宏昌家的破草屋内，秘密商量分田单干——把土地分到每家每户去耕种，即“大包干到户”。

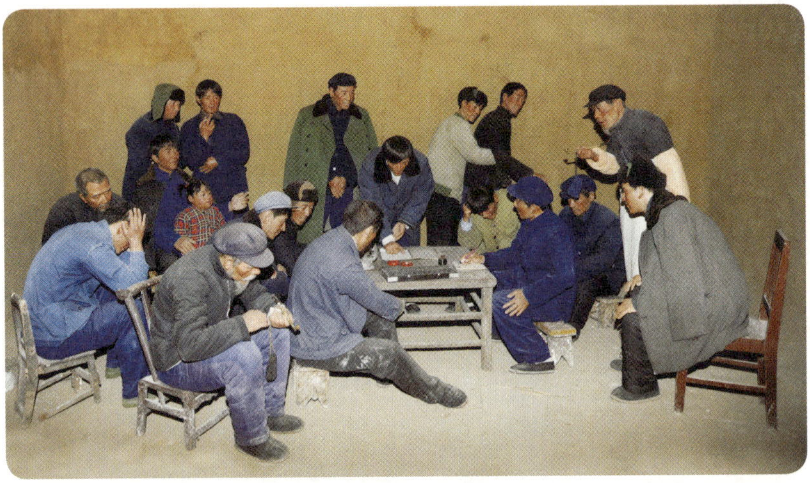

包干到户契约书签订模拟场景

实行“大包干”后的第一年，小岗村在遭遇大旱的情况下仍然取得了大丰收，年粮食产量相当于过去 5 年的总和。小岗村人不仅吃饱了肚子，还上交粮食给国家和集体，当年实现人均纯收入 400 元，是上一年的 18 倍。此后，小岗村“大包干”的创举有如星星之火迅速传开，成为全国农村改革的发源地。1980 年，中央发出 75 号文件，首次肯定包产到户是一种为群众乐于接受的责任制。1982 年，“中央一号文件”肯定包产到组、到户，包干到组、到户都是社会主义集体经济的生产责任制。从此，由一纸契约催生的家庭联产承包责任制最终上升为我国农村的一项基本经济制度。

不过，如果我们仔细看这张“生死契约”，上面除了有书写者、当时的生产队副队长严宏昌的名字外，还有17个红手印、3枚印章。也就是说，最早参与“大包干”的农户应该是20户。为什么“生死契约”上只有18户村民的手印呢?

当时，小岗村共有农户20户，但生产队准备分田到户，开秘密会议时只聚齐了18户，有两户人家外出未归。由于许多村民都不会写字，所以这份“生死契约”，包括“契约”上村民的名字都是由严宏昌代笔的，有私章的3户人家盖上了私章，没有私章的村民在自己名字上按了手印。而没来的两户，严宏昌找其他村民作保，替这两户在名字上按了手印，这才有了这份“生死契约”。

关于契约签订的日期也有一个故事。我们现在看到，“生死契约”上写的日期是1978年12月，可实际上是1978年11月24日签订的。为什么签订日期没有写11月24日呢?现在大家很难想象，当时村民常年迫于生计，通信不发达，签订时现场居然没有一个人知道当天的具体日期。于是，大家便估摸着写了个大概的时间。后来还是严宏昌去镇上买东西，看到商店里的日历才推算出签字那天的准确日期。

40多年过去了，小岗村从过去的“泥巴房、泥巴床，泥巴囤里没有粮”发展到农业、旅游业、招商引资同步发展，村容村貌显著变化。富于创造、勇于创新的小岗村为全国亿万农民开辟出了一条依靠自己的双手创造幸福生活的道路，亿万农民正昂首阔步走在乡村振兴的大道上。

80

一代越野车的传奇

——北京 212

北京汽车博物馆　闫宏宇

在北京汽车博物馆里收藏着一辆北京 212 吉普车。这款经典车型的研制和生产背后有着一段令人难忘的故事。

新中国成立后，发展汽车工业被列入“一五”计划。1956 年，长春第一汽车制造厂落成标志着中国汽车工业的起步。之后，解放牌卡车和红旗牌轿车相继问世。为了加强国防建设，1960 年国家向北京汽车制造厂下达了设计生产轻型越野车的任务。当时，北京汽车制造厂并没有太多整车设计生产经验，况且轻型越野车不同于常规轿车，不仅需要足够的耐用性，更对越野性能有一定要求。摆在面前的问题这么多，北京汽车制造厂能研制成功吗？

北京 212 越野车

面对挑战，北汽全体职工满怀为祖国争光、为人民争气的工作热情，开始了轻型越野车的试制工作。曾参与 BJ212 越野车研制工作的原北京汽车工业联合公司总经理郑焕明先生回忆，当时由于没有经验和资料，北汽选派了多名技术骨干到长春一汽学习，做现场设计。

在长春一汽，没有图纸，大家就把外国的越野车拆散成零件，一件一件地分析研究，比对着原件画图纸。就这样，北汽人凭着报效国家的爱国情怀和制造中国越野车的满腔热情，经过艰苦努力，终于在 1961 年 6 月试制出 BJ210C 轻型越野车样车交与有关单位试用并征求意见。

有人提出建议，将越野车由两个车门改为四个车门。可是，从两门改为四门谈何容易，车身结构、底盘、传动轴等重要零部件都需要重新设计，相当于设计一款全新的车型，这可不是一个小工程。可再多的困难也没有阻止北汽人前进的脚步。仅仅过了一年多时间，北汽就研制出了 BJ211 和 BJ212 两款车型。经过多轮实验，最终选定 BJ212。1966 年，BJ212 轻型越野汽车通过国家技术鉴定开始批量生产，并交付部队使用。

1966 年，在天安门广场上，几台军绿色的吉普车缓慢行驶，这是 BJ212 第一次在重要场合亮相，同时也向世界宣告中国有了自己的军事越野车。

短短数年，从一无所有到定型投产，从毫无经验到成为当时国内越野车的重要生产基地，北京汽车制造厂出色地完成了任务，靠的不仅是推动汽车工业发展的愿望，更是一腔浓浓的爱国热情。时至今日，BJ212 的改型产品 BJ2020 仍在生产。作为一款生产了 50 余年的车型，BJ212 见证了中国汽车工业的发展，也向我们诉说着一段国产军事越野车的传奇故事。

81

前门火车站

——记录时代变迁的历史“符号”

中国铁道博物馆　吴千

天安门广场的东南角矗立着一座灰白色的欧式建筑，它就是当年进出北京城的重要门户之一——北京前门火车站。这座有着百年历史的车站，既是一道独具特色的人文景观，又是记录中国时代变迁的一个重要历史“符号”。如今，这里已经成为中国铁道博物馆，向人们述说着中国铁路从无到有、从追赶到领跑的发展历程。

京奉铁路正阳门东车站

1840年后，近代的交通工具——铁路被带进中国。经洋务派李鸿章、张之洞等人倡导，中国开始尝试引进外国技术修建铁路。1894年中日甲午战争爆发，清政府割地赔款，国力衰败，英、俄、日、法、德等帝国主义列强为进一步控制中国经济，掠夺财富，纷纷抢占中国铁路的修筑权和经营权。1901年，英国强行将京奉铁路的起点从马家堡延伸到前门东侧，当时这个车站叫“正阳门东车站”。1906年，正阳门东车站建成开通，成为当时全国最大的火车站。

车站主体建筑为欧式风格，融合了中国元素。站舍面积达3500平方米，主要以客运为主，货运次之。候车室位于车站西端，面积达1500平方米，分为一等、二等和普通候车室。车站设有3座站台，长377米，其中还有2座搭建了风雨棚。站内设有问事房、客票房、行李房等，电话、电报设施一应俱全。当时，正阳门东车站是全国首屈一指的模范车站。正阳门东车站先后改名“前门站”“北京站”“北平站”“北平东站”等，承担着重要的交通枢纽职能。

1959年，新北京站投入使用后，这里不再履行车站功能，但仍被称为“老北京站”。2010年，京奉铁路正阳门东车站旧址完成了华丽转身，以中国铁道博物馆正阳门展馆的身份向世人敞开了大门。

正阳门东火车站曾经见证了中国近现代史上许多重大事件：1924年孙中山扶病北上，李大钊和3万民众到此迎接，盛况空前；九一八事变后，北平学生组成的“南下救国团”也是从这里出发投入抗战；抗美援朝志愿军的英雄代表们凯旋时从这里下车……

正阳门东火车站是一本“用砖石书写的历史书”，它展示的不仅仅是中国铁路的百年发展史，更见证了北京城的变迁，见证了中国近现代史上的沧桑与巨变。改革开放40多年来，中国高铁经历了从少到多、从追赶到领跑、从走得了到走得好的转变。高铁建设是中国正在开展新工业革命的标志，中国特有的文化和中国人的勤劳创新使中国高铁技术得以迅速应用并引领世界。中国高铁跑出了中国速度，更创造了中国奇迹。

京奉铁路正阳门东车站站场

82

“东方红一号”飞天记

中国航天博物馆　陈青　胡文媛

2016 年 3 月 8 日，国务院批复同意将每年的 4 月 24 日设立为“中国航天日”。每到这一天，中国航天博物馆收藏的“东方红一号”人造地球卫星备份星都会唱响《东方红》乐曲，仿佛把时间带回到“东方红一号”人造地球卫星发射升空的时刻。

1970 年 4 月 24 日，我国的第一颗人造地球卫星“东方红一号”发射成功，拉开了中国人探索宇宙奥秘、和平利用太空和造福人类的序幕。一曲悠扬的《东方红》乐曲在浩瀚的太空奏响，宣告中国进入航天时代。回顾“东方红一号”的研制历程，中国人克服了重重困难，让这颗卫星不仅上得去、抓得住，还能听得到、看得见。早在 1958 年，“人造卫星”计划就曾被提出，但因技术条件原因，这一计划未能实现。1964 年，中国相继成功发射了第一枚弹道导弹，爆炸了第一颗原子弹，为发展人造地球卫星事业奠定了基础，“人造卫星”计划被重新提上议事日程。

“东方红一号”卫星（备份星）

为让“东方红一号”人造地球卫星上天，航天人没少在它的运载火箭——“长征一号”上下功夫。“东方红一号”比苏、美、法、日等国的卫星“小几岁”，但其质量比这 4 个国家的首颗卫星的质量总和还要重近 30 千克，这意味着“长征一号”要承受更重的负担。在航天人的不懈努力下,“长征一号”于 1969 年 9 月上旬完成试车，最终“举重若轻”地将“东方红一号”人造地球卫星发射升空。

“东方红一号”人造地球卫星发射升空后，奏响了《东方红》乐曲。这个在宇宙中唱歌的“神器”长什么样子呢？在中国航天科技集团五院 502 所里保存着“东方红”乐音盒的“双胞胎”兄弟——备份乐音盒。这是一个方正的盒子，金色的外壳上“东方红”三个字锃亮发光。那么，它的“孪生哥哥”是怎么“唱响”《东方红》乐曲的呢？

科研人员是从火车站的钟声中得到启发的。他们用电子线路模拟铝板琴演奏乐曲。从“音键”的选择、调配到所有元器件、材料的制作，再到仪器的测试，经过上百次的试验才最终达到令人满意的效果。“东方红一号”升空后，测控站将接收到的卫星传回的音乐信号录制成磁带，由专机送往北京，供中央人民广播电台向全世界播放这首《东方红》乐曲。曾在酒泉卫星发射中心测量站担任技师的侯同来回忆：“我专门跑到主机房去听卫星传回的《东方红》乐曲，觉着特自豪！”新加坡《民报》报道：“中国成功地发射了第一颗人造地球卫星，从天外飞来的音波不但震荡了举世的人心，也使美、苏两国闻之相顾失色。”

“东方红一号”的特点不止于此，不仅听得到它发出的声音，还能看见它的身姿。这颗人造地球卫星的外形为近似球体的 72 面体，这种设计能使卫星在旋转时闪闪发光。但由于卫星的直径只有 1 米，本体的亮度相当于六等星，如果想从地球上观测到它着实困难。但科研人员自有办法！七机部第八设计院（今中国航天科技集团五院 508 所）的专家们想出了“借箭显星”的妙招——“长征一号”第三级火箭跟卫星一起入轨，能找到火箭，就能找到“东方红一号”。于是，专家们做了一条“观测裙”把第三级火箭包起来，当火箭随卫星入轨后,“观测裙”撑开，直径可达 4 米，使末级火箭亮度接近二等星。

1970年4月25日晚8点29分，“东方红一号”人造地球卫星飞经北京上空，中国大地沸腾了！人们激动地仰望着天空，仔细寻找着那颗“中国星”。我国还对“东方红一号”人造地球卫星飞经各国首都上空的时间进行了预报，以便各国观测，在国际上引起了强烈反响。

“东方红一号”人造地球卫星的发射成功，标志着中国成为继苏、美、法、日之后世界上第五个独立研制并发射人造地球卫星的国家，它在跟踪手段、信号传输形式和星上温控系统等技术方面均超过了苏、美等国首颗卫星的水平。

2016年，国务院批复同意将每年的4月24日设立为“中国航天日”，以此纪念中国航天事业的成就，弘扬航天精神。直到今天，“东方红一号”人造地球卫星仍然在空间轨道上运行。

中国航天博物馆

中国航天博物馆（原中华航天博物馆）位于中国航天发源地——中国运载火箭技术研究院内，隶属中国航天科技集团有限公司，1992年10月正式对社会开

放，是目前国内唯一的航天专业展馆。2019年正式更名为中国航天博物馆。博物馆占地面积1万平方米，能够同时容纳1000人参观，展品涵盖弹、箭、星、船、器等，其中实物藏品包括“长征”系列火箭（备份箭），“神舟四号”飞船返回舱、返回降落主伞、返回式卫星，“实践一号”卫星（备份星），“长征二号F”火箭残骸及逃逸塔等。博物馆内设科普教室1间，主要用于开展手工活动、讲座及观看教育影片。博物馆展厅除常设展览外，也可为开展航天科普教育活动、临展提供场地。自2016年4月24日设立首个“中国航天日”以来，博物馆已连续6年成功举办“中国航天日”系列活动，并通过线上、线下同步开展内容丰富、形式多样的科普活动，受到全国航天爱好者及广大中小学生一致好评，为公众提供了普及航天知识、感受航天精神的平台。

83

凝聚中华民族爱国心的倒计时牌

中国国家博物馆　齐吉祥

说起倒计时，大家都不陌生，也许还会联想到秒表、竞赛，甚至会不自觉地有一种紧张的感觉。但在中国国家博物馆里有这样一个倒计时牌模型，当你看到它时，会有满心的期盼。

1994 年 12 月 19 日，一个约五层楼高的倒计时牌赫然矗立在天安门广场。倒计时牌最上方设计有五星，既有很强的表达意义，又显得庄重、大方。五颗红星下方是 13 个红色大字“中国政府对香港恢复行使主权”。倒计时牌下方显示着距香港回归祖国的天数和秒数。

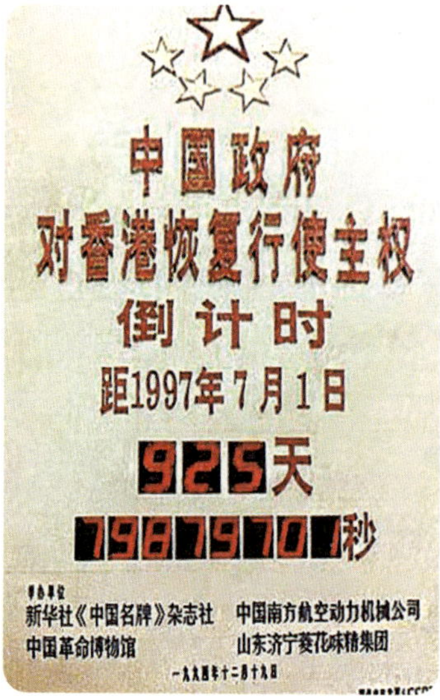

香港回归倒计时牌

1994 年 12 月 19 日是一个特殊的日子。10 年前，也就是 1984 年 12 月 19 日，中英两国政府正式签署关于香港问题的联合声明，中华人民共和国声明：收回香港地区（包括香港岛、九龙和“新界”，以下称香港）是全中国人民的共同愿望，中华人民共和国政府决定于 1997 年 7 月 1 日对香港恢复行使主权。10 年后，在天安门广场竖立起这块倒计时牌，表达了中国人民企盼香港回归的强烈心声和热切期待。从竖立倒计时牌之日算起，距 1997 年 7 月 1 日还有 925 天，

79879701 秒。

倒计时牌竖起后，国内外游客争相在倒计时牌前拍照留念。1996 年夏天，一个背着行囊的年轻人久久地站在倒计时牌前。这是一位来京旅游的香港青年，这是他第一次来到祖国内地，还没来得及放下背包就直奔天安门广场。他激动地说："从此，我不再是那个说不清国籍的人了。"

1997 年 3 月 23 日，距香港回归祖国还有 100 天。这天，一位身材矮小、衣着普通的老人早早地来到倒计时牌前。他是来自甘肃天水的卢光天，69 岁。他看到关于香港回归倒计时牌的报道后，心情十分激动，决定用照片记录下这段历史。他给自己定下目标，要在距香港回归 300 天、200 天、100 天，还有"五一""十一"、中秋、春节这些特殊日子，在倒计时牌前抓拍那些值得纪念的瞬间。不论寒风刺骨，还是赤日炎炎，在那些特殊的日子里，卢光天的拍照工作从未间断过。现在，他是拥有"倒计时"活动图片最多的人，他拍摄的照片多次刊登在《人民日报》和《工人日报》上。

1997 年 6 月 30 日午夜，聚集在天安门广场倒计时牌前的人们齐声读秒。当倒计时牌归零时，中华人民共和国国旗和香港特别行政区区旗在香港升起，历经百年沧桑的香港胜利回到祖国的怀抱。

这一刻，倒计时牌完成了它的使命，但它的故事还没有讲完。1997 年 7 月 8 日，倒计时牌策划方之一新华社《中国名牌》杂志社将倒计时牌模型赠送给中国革命博物馆，将这段历史永远保留下来。

中国国家博物馆

中国国家博物馆（简称"国博"）是代表国家收藏、研究、展示、阐释能够充分反映中华优秀传统文化、革命文化和社会主义先进文化代表性物证的最高机构，是国家最高历史文化艺术殿堂和文化客厅。

国博前身可追溯至 1912 年成立的历史博物馆筹备处。2003 年，中国历史博物馆和中国革命博物馆合并组建为中国国家博物馆。2011 年新馆建成开放，建筑面积近20万平方米，是世界上单体建筑面积最大的博物馆。国博藏品类型多样、精彩绝伦，拥有近6000件国家一级文物，具有高度的历史价值、时代价值、文化价值、科技价值和审美价值。140万余件藏品充分展现和见证了中华五千年文明的血脉绵延与灿烂辉煌。“古代中国”“复兴之路”“复兴之路·新时代部分”三个基本陈列以及青铜器、佛造像、钱币、瓷器等10多个专题展览，全面、系统、完整展现中华文化。国博每年还推出数十个临时展览，吸引着近千万国内外观众前来参观，是世界上最受欢迎的博物馆之一。作为国家的文化客厅，国博肩负着促进不同文化交流互鉴的重要职责，在开展对外文化交流、展示中华文明魅力、传播世界文明成果等方面发挥着重要的窗口作用。

84

马到功成

——马首铜像回归圆明园

圆明园遗址公园管理处　刘泽

2020年12月，圆明园十二生肖兽首铜像之马首铜像在流失海外百年后回归圆明园，引起社会广泛关注。十二生肖是中国历史悠久的民俗文化符号，中国古代创作了大量以十二生肖为题材的文本、雕刻、绘画等艺术作品，其中圆明园海晏堂前的十二生肖喷泉便是一个典型代表。

圆明园是清代皇家园林，园林中曾有一座仿建的欧式园林，叫西洋楼，其中最著名的景观之一就是海晏堂前的十二生肖喷泉，又称“大水法”。这座喷泉于乾隆年间设计建造，设计师是来自意大利的传教士郎世宁。他将西方雕塑艺术与中国生肖文化相融合，设计出12座兽首人身的喷泉雕像，之后由宫廷匠师采用中国传统工艺失蜡法一次铸造而成。12座喷泉雕像按生肖顺序排列，左右对称安置在雕花基座上，整体呈“8”字形。十二生肖对应12个时辰。每到一个时辰，对应该时辰的喷泉就会自动喷水。待到中午12点，十二座生肖喷泉会同时喷水，加上周边其他喷水构件，整个喷泉气势恢宏，彰显国之

马首铜像

大气。遗憾的是，这座融合中西雕塑文化、计时科学、制造技艺的兽首人身喷泉，如今已经见不到了。1860 年，英法联军闯入圆明园，破坏建筑，洗劫文物，放火焚烧。如今，圆明园只剩下一片断壁残垣。而十二生肖雕像身首分离，兽首被带到海外，人身则至今未见踪影。

马首最初是由一位美国古董商无意之中在加利福尼亚州一处私人住宅内发现的。当时，马首被当作普通的园艺装饰品摆放在花园的水池旁。这位古董商以 1500 美元的价格买下了马首。4 年后，马首现身伦敦苏富比拍卖会，台湾寒舍集团创办人蔡辰洋以 25 万美元的价格拍到马首，后又转卖给其他收藏家。

2007 年，苏富比拍卖行发布消息称，将以“圆明园遗物”专拍之名拍卖马首铜像。爱国机构中华抢救流失海外文物专项基金会率先发表声明“坚决反对公开拍卖马首铜像”，国家文物局也第一时间表达了希望终止公开拍卖的坚定立场和促成文物回归的良好意愿。后经多方斡旋，澳门知名爱国企业家何鸿燊先生慷慨解囊，以 6910 万港币的价格购得马首，结束了马首铜像的海外漂泊命运。2019 年 11 月，何鸿燊先生正式将马首铜像捐赠给中国国家博物馆。2020 年，国家文物局在充分尊重流失文物回归原属地的文物保护国际共识下，与何鸿燊先生协商达成一致，将马首正式划拨至北京市海淀区圆明园管理处，为其历经 160 年的沧桑之旅画上了圆满的句号。

马首铜像捐赠仪式

多年来，在社会各界的共同努力下，牛首、虎首、猴首、猪首、鼠首、兔首和马首以不同的方式回归祖国。事非经过不知难，成如容易却艰辛。流失文物的回归，是中国国家实力上升的体现。新中国成立后，已有300余批次、15万余件流失海外的中国文物回归。数字的背后，是文物返还过程中“中国声音”的显著增强，是文物追索过程中“中国实践”的卓著效果，是文物回归过程中“中国热情”的极大表现，圆明园马首回归正是对这一时代声音的最佳回应！

圆明园遗址公园

圆明园遗址公园坐落在北京西北郊，是北京市“三山五园”体系中重要的一园。圆明园始建于康熙四十六年（1707年），辉煌于雍正、乾隆两代，在当时被誉为“东方的凡尔赛宫”。在历经1860年的火劫、近代石劫等劫难后，圆明园成为一片废墟。新中国成立后，中国政府十分重视圆明园的保护工作，开始对圆明园遗址进行整修、保护。如今，圆明园遗址公园是一座服务于爱国主义教育和文化旅游事业的单位。

85

古物新生

——北京故宫博物院藏莲鹤方壶的故事

故宫博物院　李泊汀

在北京故宫博物院中有这样一件珍贵藏品，它凝重古朴却又生机勃勃，曾被郭沫若先生称赞为“时代精神之象征”，它就是大名鼎鼎的莲鹤方壶。这件高122厘米、宽54厘米、重64千克的巨大青铜壶，最精彩的部分无疑是顶端瓶盖上那只双翼展开的仙鹤。灵动欲飞的仙鹤傲然站立于双层镂雕盛开的十片莲花瓣中心，为原本威严厚重的青铜器注入了别样的活力，虽历经两千余年，仍让无数观者为之倾倒。

莲鹤方壶

其实，莲鹤方壶还有一位留在河南的“孪生兄弟”。这还得从1923年说起。8月，时值酷暑，河南新郑已经很长时间没有下雨了，乡绅李锐决定雇人在自家菜园内打井抗旱。没想到，竟然挖出一座古墓，而且墓室里满是大大小小的宝贝。李锐挑了几件青铜鼎去卖，竟卖出800多元的高价。李家藏宝的消息不胫而走，惊动了当时驻扎在河南的北洋陆军第十四师师长靳云鹗。靳云鹗深明大义，不但收缴了已挖掘的文物，还追回了售出的文物，并派士兵继续发掘。就这样，一对造型别致的莲鹤方壶在地下埋藏了两千年后终于重见天日！它们先是被送到开封的河南古物保存所保管；抗日战争期间，河南省的文物打包西迁；几经辗转，莲鹤方壶于 1938 年运抵重庆。

1949 年冬，国民党当局准备把莲鹤方壶运往台湾。关键时刻，人民解放军在重庆机场截获了这批珍贵的文物。直到现在，“中国人民解放军重庆军事管制委员会”的打箱封条还保存在河南博物院。20 世纪 50 年代，为更好地保护和展示文物，国家决定将一件底部稍有瑕疵、略矮一些的莲鹤方壶调拨至北京故宫博物院，另一件继续留在河南博物院。从此，这对“双胞胎”莲鹤方壶分别成了北京故宫博物院和河南省博物院的“镇院之宝”。而且它们也是中国首批禁止出境展览的国宝级文物。

莲鹤方壶体现了春秋时代高超的青铜器铸造水平。器身的龙耳、虎足和顶上的立鹤均采用了分铸法，方壶整体则运用了圆雕、浅浮雕、细刻、焊接等多种技法。然而，莲鹤方壶刚送到故宫时早已不复往日的风采。根据北京故宫博物院文物修复专家回忆，当时，器腹裂开不规则形状的大口子，壶耳也掉了一个。专家们焊接壶耳朵、补配器腹参差不齐的口子，再经过做旧，花了半个多月的时间，才总算让这件稀世珍宝重获新生。时至今日，在故宫举办的各类展览中常常能看到它的身影。

为了让莲鹤方壶被更多的人欣赏，在老一辈青铜器修复大师赵振茂的领衔下，北京故宫博物院文物修复厂成功制作出了莲鹤方壶复制品，莲鹤方壶从故宫走向世界。1988 年故宫发行的《国宝》明信片留下了它美丽的身影；作为国礼，新加坡、日本、泰国、加拿大、印度尼西亚等国元首先后收到了这件精美青铜器的复制品；2003 年中国邮政发行的邮票使莲鹤方壶广为人知。2006 年，两件莲鹤方壶在河南博物院合璧展出，引发轰动。

现在，当我们再回过头来看这件莲鹤方壶，除了惊叹于两千多年前古人的奇思妙想和精湛技艺，是否也能体会到它背后的历史沧桑？是否能够感受到一代代文博人为文物保护、传承、修复、利用所倾注的心血呢？

86

“实践八号”卫星返回舱与它的“特殊乘客”

中国农业博物馆　朱一鸣

在中国农业博物馆里展示着一座卫星返回舱，这座返回舱曾经搭载过一些“特殊乘客”。

粮食是社稷之本，种业是粮食之基，培育优良的种子可以为国家粮食安全提供强大支撑。但可不要以为只有地球能为种子提供培育条件，利用广袤无垠的太空特殊的环境也能够实现空间诱变育种。中国农业博物馆陈列着一件曾经徜徉太空的展品，它搭载过的“特殊乘客”便与我国的农业

“实践八号”卫星返回舱

发展密切相关，它就是“实践八号”卫星返回舱。返回舱最大直径约1米，高约1.5米，底大头小，形似羽毛球，在返回舱表面能清晰地看到它返回地球时隔热层与大气层摩擦后灼烧所产生的痕迹。与众不同的是，在舱体内部还贴有一层薄薄的防水膜，可以保护舱内的“特殊乘客”——让“乘客”们即便落水也不会浸湿。

既然是一颗专门用于航天育种的科学技术试验卫星，相信你也猜出这些“特殊乘客”是谁了吧？没错，就是农作物种子！但它们可不是普通的种子，而是由科学家精心筛选出来的遗传性稳定、综合性状良好的农作物种子。科学家为何要将这些种子送上遥远的太空呢？这是在开展航天育种实验。科学家利用太空的微重力、超真空、强辐射等特殊环境，对种子进行诱变，使它们发生基因变异。返回地球后，育种专家再将种子进行播种，通过跟踪观察并记录其生长发育过程，繁育三四代后，再从中筛选出遗传性状稳定且具有优良突变基因的品种。

“实践八号”卫星是我国首颗专门用于航天育种研究的返回式科学技术试验卫星，它于2006年9月9日下午3点在酒泉卫星发射中心被“长征二号丙”运载火箭成功送入预定轨道，其主要任务是对卫星返回舱内搭载的农作物种子进行航天育种实验。9月24日，在近地轨道上运行15天、900多万千米后，“实践八号”卫星返回舱准确落入四川遂宁预定回收区域，搭载的农作物种子随即被运抵北京进行审验，之后交由农业专家进行地面育种研究。返回舱于2006年10月10日由中国航天科技集团公司捐赠给中国农业博物馆。

此后10年，“实践八号”航天育种工程取得了丰硕的研究成果。比如，“泰航68”“象牙香占”等水稻品种经过基因诱变后培育出的新品种更容易抵抗稻瘟病，经过基因诱变培育出的番茄新品种果实硬度增大、更耐储存和运输，甜椒新品种果实体积更大、维生素C含量更高，等等。这项航天育种工程还在整体上带动了我国航天育种技术的发展，为我国农作物育种技术进步和粮食安全发挥了积极作用。

我国是世界上最早开展航天育种研究的国家之一。早在1987年8月5

日，我国发射的第 9 颗返回式卫星就首次尝试将小麦、辣椒、水稻等农作物种子搭载到太空。截至 2020 年 9 月，我国利用包括“实践八号”“神舟飞船”“天宫一号”等航天器进行了 30 余次上千个品种的太空搭载实验，培育出 200 多个高产、优质、多抗的粮食、蔬菜、水果等农作物新品种，种植面积达3000万～5000万亩。2020年12月，水稻种子搭载“嫦娥五号”探测器赴月，此次深空空间诱变实验，有望帮助人类更加深入了解水稻种子经过深空环境处理后其基因如何发生优良突变。

如今，“实践八号”卫星返回舱静静地伫立在中国农业博物馆里，那些“特殊乘客”也已在地球上生根发芽、开花结果，充实了人民的“米袋子”“菜篮子”和“果盘子”。

87

落叶归根

——明代重器寄托一颗爱国心

恭王府博物馆　高晓媛

恭王府博物馆有一间特殊的展厅，常年展出7件明代黄花梨家具。这批珍贵的家具堪称明式家具的标准器，极具研究价值。但是这7件家具并非恭王府旧藏文物，它们与恭王府之间的奇妙渊源还要从民国时期说起。

当年，恭王府花园一度成为辅仁大学女校的校舍，学生就住在府邸和花园之间的后罩楼中，其中有一名女学生叫曾佑和，就是故事的主人公。1925年，曾佑和出生于北京。出生在书香门第的她16岁时考取了辅仁大

黄花梨夹头榫带屉板小条案

黄花梨圈椅

学女校美术系。每日学业结束后，她便或徜徉在花园里，或流连于秀丽的亭台廊榭旁。当时仍住在恭王府中的溥心畬以及经常来访的溥雪斋、启功等人都在艺术方面给予了曾佑和诸多指导，奠定了她在艺术创作中纯正浓厚的中国风格。

1942 年，曾佑和从辅仁大学女校毕业后，被当时在辅仁大学教书的德国教授古斯塔夫·艾克聘为助教。艾克对中国明式家具情有独钟，于 1944 年出版了《中国花梨家具图考》一书，是世界上系统研究中国明式家具的重要学者。1945 年，曾佑和与艾克喜结连理，这一跨国婚姻轰动京城。

曾佑和与古斯塔夫·艾克

1948 年，曾佑和随艾克离开中国，赴美国夏威夷大学执教，这一去便是 50 多年。他们离开中国时，将珍藏的 7 件明代黄花梨家具也一同带往美国。赴美后，曾佑和长期从事东方美学研究和美术教育工作，并通过书画创作不遗余力地传播中国文化。

1972 年，曾佑和在美国费城举办了一个大型中国书法展，并出版了图录《中国书道》。这也是在美国出版的第一本讲述中国书法史的英文著作，在美国引发了学习中国书法的热潮。图录曾再版 12 次，仍供不应求。曾佑和说："20 世纪 40 年代到美国后，作为客居他乡的游子，我日夜想念自己的故土，手中的画笔就是连接我与故乡山水最好的工具，从那时开始，我就不停地写中国字、画中国画。我对宣纸特有的那种纤维质地十分着迷，一些人出国后大都改画西洋画，我一直画国画，坚持用中国纸和中国墨，它们能带给我艺术灵感。"正是这种强烈的爱国情感让曾佑和在 2006 年 80 多岁高龄时毅然放弃美国的一切回到了故乡。同她一起回来的，还有那批珍贵的明代黄花梨家具。

回国后不久，曾佑和便来到恭王府旧地重游。当她走到花园时，园中的一切不禁勾起了年少时的记忆：她在这里学习、成长，在这里开启了通往艺术殿堂的大门，在这里与艾克教授相识、相知、相恋……这诸多的渊源以及恭王府工作人员对文物保护工作的热情让她最终决定将这7件明代家具捐赠给恭王府，希望它们在这里得到最好的保护并传之久远。于是她把和丈夫一生的收藏留给了心心念念的祖国。

这批明式家具是恭王府博物馆自2004年向社会公开征集文物以来收到的最珍贵的一次捐赠，它们可谓是明式家具的标准器，极具研究价值，不仅用作《中国花梨家具图考》中的示例，更是被收录于国家文物局编制的《文物藏品定级标准图例——家具卷》中。

2008年，恭王府府邸修缮工程结束，实现了全面开放。根据恭王府府邸及花园的展线分布，恭王府特意选择了曾佑和曾经住过的原辅仁大学女校宿舍——府邸后罩楼设立特别陈列展厅，常年展出曾佑和捐赠的7件明式家具。

2017年9月16日，曾佑和教授在家中安静地度过了人生的最后时刻，享年92岁。在人们印象中，她总是穿着改良旗袍，戴着同色系围巾，梳着一头丰盈整齐的卷发，化着典雅精致的淡妆，聊起中国传统文化时总有用不完的热情、说不完的赞美。她的一生，从未停止过对中国传统文化的研究、传承和传播。正如她所说的：“我虽然离开了中国，但是中国文化一直没有离开我。”

恭王府后罩楼

恭王府博物馆

恭王府博物馆隶属于文化和旅游部，为全国重点文物保护单位、国家AAAAA级旅游景区、国家一级博物馆，是集文物保护、博物馆建设和旅游开发等职能为一体的综合性公共文化机构。恭王府也是我国现存唯一保存完整并对公众开放的清代王府，整座王府由府邸和花园两部分组成，总占地面积6万余平方米，是清代古建筑中的珍贵遗存。

88

地空通信中的国之重器
——“墨子号”

中国科学技术馆　叶菲菲

近年来，以中国传统文化中的著名人物命名“国之重器”成为航空航天领域的首选，我们常常在新闻中看到“嫦娥”“悟空”和“墨子”登上太空的消息。中国科学技术馆就展出了世界首颗量子通信卫星模型——“墨子号”。

“墨子号”是世界首颗量子科学实验卫星，于2016年8月16日在酒泉卫星发射中心利用“长征二号丁”运载火箭发射升空，目前仍在太空轨

“墨子号”卫星模型

道上运行。量子通信卫星就是量子信号从地面上发射并穿透大气层—卫星接收到量子信号并按需要将其转发到另一特定卫星上—量子信号从该特定卫星上再次穿透大气层到达地球某个角落的指定接收地点。

“墨子号”是中国未来一系列量子通信卫星的探路者，它的发射升空，一是验证量子力学的有效性，二是发展量子通信和加密技术。“墨子号”依靠传输光量子实现信息传递。光量子就是光子，是光的最小单位，“墨子号”每秒要分发上亿个姿态万千的光量子。如果把光量子看成一枚枚硬币，星地实验就相当于在万米高空飞行的飞机上不断地把上亿枚硬币逐个准确地投入到地面上一个不断旋转的存钱罐里，难度可想而知。

正是因为量子自身具有一系列特殊的物理特性，使它能够像《封神演义》中的土行孙一样，可以突然消失，瞬间又从别的地方冒出来，从而实现信息的高速传递。其中，“量子纠缠”这个特性发挥了重要作用。所谓量子纠缠，就是在特定条件下，当两个微观粒子处于纠缠态，不论距离多远，如果对其中一个粒子的量子态做任何改变，另一个就会立刻感受到并做出相应改变。我们可以用“齐天大圣”孙悟空来做个比喻，量子纠缠就像孙悟空和他的分身，无论他们距离多远都可以做到“心有灵犀”。“墨子号”利用量子纠缠提高了二进制编码的效率。实际上，二进制编程和存储的雏形就来源于中国古人在纺织领域发明的提花机。提花机利用“花本”记录复杂的纺织图案的经纬顺序，并且将其用于重复生产，可以说是最早的图像“信息化”技术。提花机通过“丝绸之路”传到西方，经法国工匠贾卡改良，被认为是现代信息技术的原点。

“墨子号”的另一个任务是解决信息安全问题。有了量子通信，就再也不用担心电话“被偷听”了。量子通信的密码不是预先设定好的，而是在通信的时候随机产生的，这样就保证了信息的不可窃听和不可破解。通俗地说，就是“墨子号”上天后会发出一连串光子，我们可以把这些单光子理解为“天外来信”，这些“天外来信”会到达地面上的光学实验站，光学实验站接收到这些单光子后再进行解码，解码成功，就完成了通信。

这样一颗代表着世界最先进量子通信水平的卫星为何要以墨子这位古

人来命名呢？其实，作为政治家、思想家的墨子还是一位科学家。墨子通过小孔成像实验发现了光的直线传播，并第一次对光直线传播进行了科学解释。“墨子号”量子科学实验卫星科研团队首席科学家潘建伟院士指出，就像国外有“伽利略”卫星、有“开普勒”望远镜一样，以“墨子”来命名全球首颗量子卫星是对中国传统文化的礼赞，体现了文化自信。可以说，“墨子号”的命名体现了我们追溯先贤、探索自然的足迹和难能可贵的科学精神，以及通过科学技术不断追求美好生活的初心。

中国科学技术馆

中国科学技术馆是我国唯一一座国家级综合性科技馆，是实施科教兴国战略、人才强国战略和创新驱动发展战略，提高全民科学素质的大型科普基础设施。中国科技馆以科学教育为主要职能，通过科学性、知识性、互动性相结合的展品和体验式教育活动，普及科学知识，传播科学思想，鼓励公众探索实践，树立科学精神。同时，科技馆还组织各种科学实践和培训实验，让观众通过参与活动，加深对科学技术的了解，激发科学兴趣，在潜移默化中提高科学素养。

89

古建博物馆里的“古建”
——先农坛的故事

北京古代建筑博物馆　蔡昕月

北京古代建筑博物馆有一组特殊的“藏品”——北京先农坛古建筑群。“国以农为本，民以食为天。”在以农立国的帝制时代，皇帝除颁布有利于农业生产的政令之外，还通过祭祀先农以及亲耕籍田的形式表达对农业的重视。北京城里专门让皇帝耕种的地方，就是位于北京城中轴线南端西侧的先农坛。

先农坛始建于明永乐十八年（1420年），是明、清两代皇帝祭祀先农并举行亲耕典礼的场所。每年农历二月或三月，皇帝都会选择一个吉祥的日子来到先农坛举行祭祀先农和亲耕籍田的典礼，以此祈求风调雨顺、粮食丰收，并表示劝课农桑之心。先农坛又是怎么变成今日的古代建筑博物馆的呢？这还得从一百多年前说起。

随着封建王朝的灭亡，先农坛的祭祀功能逐渐淡化，曾经辉煌的皇家坛庙也渐渐荒废。1915年，民国政府在先农坛内坛区设立先农坛公园向市民开放；外坛的区域被多家单位占据，分割为多个部分。1936年，为迎接在北平举办的华北运动会，在先农坛外坛的东南角修建了“北平公共体育场”。1937年，这座北平最早修建的体育场建成。北平解放后该体育场更名为“先农坛体育场”，并沿用至今。1949年7月，按照中央人民政府保护先农坛文物的要求，北京育才学校采取就地改建的方案，逐渐腾退出坛内古建筑，紧邻先农坛古建筑群建造现代化校舍。在育才学校历届师生的呵护下，先农坛内的古建筑得以妥善保护。

随着国家对文物保护工作的重视，20世纪80年代，北京市文物局在先农坛太岁殿挂牌成立“北京古代建筑博物馆筹备处”，古建筑群内的相关机构逐步腾退出去，先农坛古建筑群正逐渐恢复原有的风貌格局。1986年至1990年间，北京市第二房屋修缮公司对先农坛太岁殿院落内的4座大殿进行修缮。1991年，北京古代建筑博物馆正式对外开放，修葺一新的太岁殿院落重新向公众开放。在北京市政府和北京市文物局的支持下，北京古代建筑博物馆陆续完成了神仓院落、观耕台、具服殿以及神厨院落的腾退、修缮工作。至此，在各方的协调努力下，先农坛内坛的主体建筑腾退工作基本完成，先农坛内坛基本格局恢复。随着文物部门对先农坛的管理力度逐渐加强，先农坛内坛的环境治理工作稳步进行，有计划地种植草坪，用植被模拟恢复地祇坛景观。2002年还将地祇坛石龛在此易地保护。至此，命运多舛的北京先农坛古建筑群已基本恢复了内坛原有风貌。

2012年，北京中轴线入选国家文物局《中国世界文化遗产预备名单》，对先农坛古建筑群的保护和执行力度更上一层楼。2019年，明、清两代皇帝亲耕的籍田，也就是我们俗称的“一亩三分地”恢复了历史原貌。北京古代建筑博物馆在此基础上，开展“北京先农坛农耕系列活动”，向广大公众宣传、普及中国悠久的农耕文明。历经百年，这块寂静已久的土地又重新开始播种，农作物在此生根发芽。

恢复历史面貌的先农坛“一亩三分地”

先农坛古建筑群作为北京中轴线上不可或缺的重要遗产，是中华五千年农耕文明的承载者。新中国成立后，先农坛古建筑群在党和国家文物保护政策的支持下、在一代又一代文博工作者的努力下逐渐恢复了昔日的辉煌。文博人将不断挖掘先农坛的历史文化内涵，传承“仰望星空，脚踏实地”的文化精神，使中华优秀文化凝聚成为推动中华民族伟大复兴的磅礴力量。

北京古代建筑博物馆

北京古代建筑博物馆隶属北京市文物局，是一座收藏、研究中国古代建筑历史、技艺和展示先农文化的专题性博物馆。博物馆坐落于明清皇家坛庙先农坛内，以弘扬中国传统文化、普及科学知识和开展文化交流为宗旨。

90

永远向前的“毛泽东号”

中国铁道博物馆　吴千

在中国铁道博物馆的机车展厅里陈列着一台车头挂有毛主席像的蒸汽机车，它就是我国第一台以领袖名字命名的机车——“毛泽东号”。它记录了中国铁路人为革命冲锋陷阵、闯关夺隘的勇敢身影，也记录了中国共产党领导下的“钢铁战士”永当先锋的奋斗精神。

1946年，为支援解放战争，缓解铁路运力不足的问题，在中国共产党的领导下，铁路工人从滨洲线肇东车站拉回了一台破损严重的蒸汽机车，开展了一场“死车复活”活动。修车没有材料，他们就用废钢铁翻新；工具不够用，他们就从自己家里拿。就这样，大家攻坚克难，与时间赛跑，连续奋战了27个昼夜，终于将这台蒸汽机车抢修完成。大家都希望给这台机车起一个响亮且具有号召力的名字，机务段的党代表提议：“火车头就像领路人，毛主席就是我们的领路人啊！我们就用毛主席的名字给它命名吧！”听到这一建议，大家都表示赞同！用毛主席的名字命名机车不仅凝聚了铁路工人对领袖的深厚

“毛泽东号”蒸汽机车

情感，更象征着广大人民在中国共产党的领导下无所畏惧、勇往直前的精神。1946 年 10 月，经过当时的中共中央东北局批准，这台蒸汽机车被正式命名为“毛泽东号”。

从此，“毛泽东号”蒸汽机车冲锋在支援前线的运输中，风雪中，它冒着枪林弹雨为人民子弟兵运送弹药和给养。随着解放战争的胜利推进，铁路工人喊出了一句豪迈的口号：“解放军打到哪里，铁路修到哪里，‘毛泽东号’就开到哪里。”机车组有人负伤甚至牺牲，机车也多次遭到破坏，但“毛泽东号”机车组的同志们一次次克服困难，冒着生命危险坚守着这份承诺。

革命胜利后，“毛泽东号”蒸汽机车随解放大军入关，落户北京丰台机务段。在新中国建设事业中，它勇当社会主义建设的排头兵，永不停轮；抗美援朝时期，机车组派出最熟练的司机参加火线运输；唐山大地震发生后，它满载救援物资，冒着路轨变形、余震不断的危险奔赴灾区参与抗震救灾……在祖国和人民最需要的时候，“毛泽东号”从不缺席，它如一名钢铁战士，一路向前，胜利完成党和人民交给的各项运输任务。

1977 年 1 月，“毛泽东号”蒸汽机车光荣退役。2012 年，它被定为国家一级文物。此后，“毛泽东号”机车历经了 5 次换型，跨越蒸汽机车、内燃机车、电力机车 3 个动力时代，始终奔驰在祖国需要的最前端，见证了中国铁路从追赶到领跑的发展历程。截止到 2021 年 4 月，“毛泽东号”机车已安全行驶达 1156 万千米。

“毛泽东号”的 13 任司机长、184 名乘务员牢牢秉承“开领袖车，做领军人”的责任信念，他们用过硬的基本功、严明的责任制、高度的责任心，始终践行“报效祖国，忠于职守，艰苦奋斗，永当先锋”的“毛泽东号”精神。

车轮滚滚，一路向前。红色基因，薪火传承。今天，“毛泽东号”在新时代的钢铁大动脉上继续鸣笛出征，中国铁路人也必将在新时代的征程中，不忘初心、砥砺前行。

91

故宫匠心传承

——养心殿修缮记

故宫博物院　林德祺

北京故宫博物院中的养心殿坐落于故宫内廷西路，建筑布局精致紧凑，空间灵活多变，是清代8位皇帝处理日常政务、读书学习、居住休息的场所。独特的政治意义加上丰富的使用功能，使养心殿成为紫禁城中独一无二的存在。从某种意义上说，养心殿的整体建筑可以被看作一件特殊的“藏品”，它见证了悠长的岁月变迁。

为更好地保护这一区域的古建筑，自2015年起，北京故宫博物院启动了养心殿研究性保护项目。值得一提的是，早在21世纪初期，国家就对故宫的古建修缮工作做出重大决策，批准进行“故宫古建筑整体维修保护工程”，这是近百年来时间最长、规模最大、范围最广的古建修缮工程，也被誉为“百年大修”。为此，北京故宫博物院不仅聘请相关方面的资深专家组成“故宫修缮工程专家咨询委员会”，还组建了“故宫修缮工程技术质量顾问组”，为维修工程建言献策。国务院委托国家文物局审批了由北京故宫博物院组织制订的《故宫保护总体规划大纲》，确定了“整体维修”的具体任务，明确了维修所遵循的原则。

按照《故宫保护总体规划大纲》，故宫修缮工程共持续18年，国家每年投入约1亿元人民币的修缮资金。此次养心殿研究性保护项目属于大修工程的第三期。其间，很多以前未曾注意到的细节纷纷呈现，无不体现了古代工匠在建造过程中的聪明智慧与独具匠心。

养心殿的正殿前有个外接出来的小房子叫作“抱厦”，抱厦与正殿屋顶的连接处有一片没有覆盖瓦片的区域，这片区域叫作“天沟”，它的存在是为了解决屋顶积水的问题。天沟中间高、两端低，中间宽、两边窄，状似枣核。天沟下有两根柱子，是专门用于排水的立柱。得益于这次大修，终于有条件对这两根排水立柱进行“解剖”，发现柱子内部金属管的材质是锡铅合金，这种合金材料防水防潮，耐空气侵蚀，是非常适合制作排水立柱的材料。

养心殿正殿东暖阁后檐明瓦窗罩构造模型

再把视线转向养心殿的东暖阁。在它的南墙上安装有整片的大玻璃窗，这样的玻璃窗被称为“明窗”。清代初期至中期每年元旦辞旧迎新之际，皇帝会在明窗前书写开年吉语，被称为“明窗开笔”。到了清代末期，东暖阁成为两宫太后垂帘听政的场所。尽管养心殿南侧装有窗户，但是因为建筑物进深较大，而且殿内还有落地花罩的阻隔，为了让室内更加明亮，在养心殿的北墙上开有两扇用于采光的窗户，不过这两扇窗户距离地面高度较低，还采用了较为娇贵的楠木窗框。为了防止雨天潲雨，窗户上修有精致的雨棚。雨棚采用特别的材质，使得它在防雨的同时兼具透光性。之前，人们认为这种独特的、泛有特殊光泽的材料是云母片，但在这次大修的过程中，工程师经过细致的辨认与分析，发现它们居然是一种来自大海的贝壳，叫作“海月”。海月的外形接近正圆形，一般生活在浅海的海底或滩涂中，它拥有两片半透明的壳，其中微微突起的一面朝向上方，较为平滑的一面朝向下方，北京故宫博物院收藏的聂璜绘制的《海错图》中，详细记录了海月的形态。

聪明的古人很早就发现了海月贝壳轻薄透光的特质，同时海月贝壳还有一定的韧性，于是古代匠人将海月贝壳经过精细打磨制成雨棚瓦片，这些可以透光的瓦片有一个专用的名字——“明瓦”。养心殿的雨棚使用了上千枚明瓦。可以想见，这些由海月贝壳制成的明瓦在阳光下一定光彩夺目，异常美丽。

养心殿建成距今已有400余年，曾经的深宫禁苑变成了今天的博物馆，昔日恢宏、精妙的殿宇如今作为北京故宫博物院的重要部分供人们参观游览。此次养心殿大修，特别强调对研究性保护修复方法的探索。工作人员不但发现了明瓦是用海月贝壳制成的，还别具匠心地将每块明瓦编号，记录其详细位置，以便在维修完成后恢复原位。为保证修旧如旧，工程师们采用古代的方法熬制灰油、烧制瓦片，尽可能地保留原来的建筑材料，一些破损的构件也物尽其用，使昔日的养心殿最大程度原汁原味地保留下来，并传承下去。为确保养心殿研究性保护项目施工团队的专业性，北京故宫博物院改变了原有的古建修缮模式，开设“官式建筑修缮技法培训基地”，将老一辈匠人的技术传授给新一代工匠，将这一宝贵的非物质文化遗产继续发扬光大。养心殿这座古老的殿宇通过故宫人精心细致的修缮将重获新生。

92

永不熄灭的奥运圣火

——两代人的奥运情

北京奥运博物馆　周艳晴

北京奥运博物馆收藏有一把祥云火炬。这把火炬曾在2008年北京奥运会火炬手传递时点燃，它承载着一个家庭两代人的动人故事。

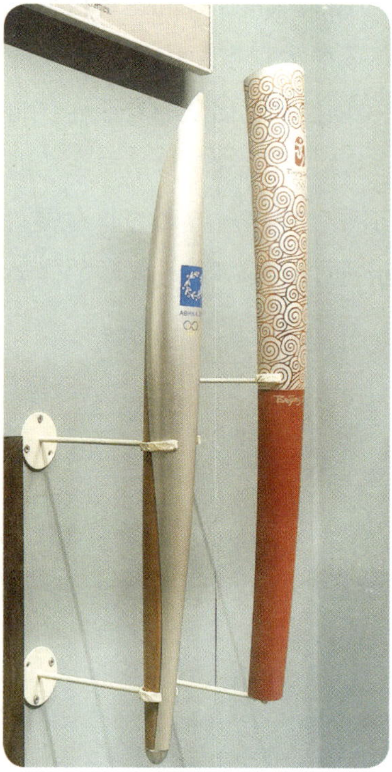

祥云火炬

这把祥云火炬曾经的收藏者叫那和利，他是2008年北京奥运会火炬传递手之一。他和父亲那忠都与北京奥运会有着一段不解之缘——现在鸟巢的位置就是他们原来的家。北京申奥成功后不久，北京市朝阳区洼里乡洼边村的那忠、那和利父子俩便知道，国家体育场（鸟巢）要建在自家门口了。身为老支书的那忠第一个搬离了世代居住的洼边村。不到两个月的时间，洼里乡全部完成了搬迁工作，奥运场馆建设破土动工了。

2004年，奥运会火炬传递接力活动举行。那忠老人被选为火炬手，负责鸟巢附近路程的火炬传递接力。

为跑完短短的400米，那忠老人每天手举空酒瓶，坚持练习了2个多月。那天，那忠老人手持火炬稳稳地跑过了自己曾经的家，当时的奥林匹克公园中心区的奥运场馆建设工地。

2004年，参加奥运火炬传递的那忠老人

那次传递火炬的经历是老人一生中最骄傲的事情，那老爷子经常念叨："我一定要活到2008年，亲眼看北京举办奥运会，再当一次火炬手。"

不幸的是，在参加完奥运会火炬接力活动几个月后，那忠老人因心脏病突发离开了人世。老人最终没能看到北京奥运会，而父亲未了的心愿也成了那和利挥之不去的一块心病。2007年，当北京奥组委开始选拔火炬手时，那和利当即报名，并幸运入选。他说："当选火炬手对我来说还有更深的意义，因为这是我父亲的遗愿，我一定要帮他完成……我希望8月8日那天，手举奥运火炬在鸟巢西边的大道上跑过去，因为那里不仅是我当年的家的位置，还是我现在工作的地方，我得好好感受一下在原来那家老宅的那片土地上发生了多么大的变化！"火炬传递时，那和利揣着父亲的照片，肩负着两代人的奥运缘，在家门口完成了火炬传递接力任务。后来，这把承载着两代人梦想的火炬落户北京奥运博物馆，在它的身上凝结着一名老共产党员对党的赤诚之心、对国家的炙热情怀，也凝聚着全体中国人民的无私奉献和爱国情怀。

2008年8月8日，那和利带着父亲的照片传递奥运火炬

北京奥运博物馆

北京奥运博物馆是以北京奥运会为主题的永久性专题博物馆。博物馆建在北京奥林匹克中心区国家体育场（鸟巢）南侧地下零层和负一层。其中，国家体育场作为2008年北京奥运会的主体育场举行奥运会、残奥会开幕式和闭幕式，田径比赛及足球比赛决赛。现在，这里已成为北京市民广泛参与体育活动及享受体育娱乐的大型专业场所，是具有地标性的体育建筑和奥运遗产，有极为重要的纪念意义。

93

半生心血成就的世界领先

——“中国天眼”

中国科学技术馆　刘芷廷

在中国科学技术馆里有一个圆形互动模型，其造型很像一只睁大的眼睛。它的原物是一座 500 米口径球面射电望远镜（简称 FAST），相当于 30 个足球场那么大，也被形象地称为“中国天眼”。

“中国天眼”模型

“中国天眼”坐落在贵州平塘大窝凼，是目前世界上单口径最大的望远镜，它能够接收宇宙深处的电磁波，能看到 137 亿光年外的地方。它的出现让我国天文学研究达到世界领先水平。而这令人骄傲的成果背后离不开一位科学家的无私奉献，他就是 FAST 工程首席科学家，“中国天眼”的奠基者——南仁东。

故事要从 1993 年讲起。当时，国际无线电科学联盟大会在日本东京召开。会上，有位科学家提出了一个构想，建造新一代射电望远镜，接收更多来自宇宙的信息。南仁东听到这儿有些坐不住了，他想：中国要在宇宙探索中从跟跑者成为领跑者，就必须要有自己的大望远镜。当时，中国最大的射电望远镜口径只有 25 米，而南仁东想要建造的却是 500 米口径

南仁东画像

球面射电望远镜。而首当其冲的难题是这么大的望远镜建在哪儿呢?

FAST的最佳台址是在大山深处、远离电磁干扰的地带。为寻找这样的台址，年过50的南仁东带着300多幅卫星遥感图穿梭在“天无三日晴，地无三尺平”的云贵高原中。大山里没有路，硬是被他走出了路。在一次爬山的时候，他脚下一滑，整个人顺着山坡滚了下去。周围全是悬崖峭壁，幸好有两棵小树挡住了他，才躲过一劫。就是伴随着一次次这样的危险，南仁东几乎踏遍了中国西南地区所有的大山，用了整整12年才找到了这个位于贵州南部群山之间叫“大窝凼”的地方。从寻址、立项、策划，再到工程开工，不知不觉快20年了，南仁东已经年近古稀，但是他依旧日夜奋战在工地上，带领团队攻克了一个又一个难题。

就在“中国天眼”建设工程稳步推进时，2015年，南仁东被诊断出罹患癌症。手术后需要静养，可是短短3个月后，在FAST的工地上又出现了南仁东的身影，他一如往昔地指挥着工程建设。他在和生命赛跑!

2016年9月25日，FAST落成启用。那天，南仁东站在高高的圈梁上，望着自己耗尽半生心血才“初长成”的大望远镜，笑着说:“这是一个美丽的风景，科学风景!”一年后，“中国天眼”探测到第一颗脉冲星信号，实现了中国望远镜发现脉冲星“零”的突破!就在首批成果即将震撼问世的时候，南仁东却走了，他让中国睁开了“天眼”，而他却永远闭上了双眼。

他飞向了心向往之的浩渺太空，就像他在诗中所描绘的那样:美丽的宇宙太空，以它的神秘和绚丽，召唤我们踏过平庸，进入到无垠的广袤。听，这就是“中国天眼”接收到的电磁波信号，这是南仁东从宇宙传来的声音，里面有他的智慧、他的坚定，更有他对祖国的挚爱与忠诚。

94

“史家营无烟煤”的新角色

房山世界地质公园博物馆　隗蕾

在房山世界地质公园博物馆第一展厅中有一块其貌不扬的无烟煤。这是一块长40厘米、宽40厘米、高30厘米，重约8千克的煤块，它乌黑发亮，坚硬致密，属于煤矿品种中的“无烟煤”。

大家一定很好奇，在博物馆中为什么要展出这么一块不起眼的煤块呢？这块煤还得从房山区的历史说起。经过几十亿年的地质演化，房山拥有壮美秀丽的自然风光和丰富璀璨的地下矿藏。作为人类生产生活必不可少的能源，房山出产的煤炭曾为首都的建设与发展做出了重要贡献。

房山区史家营乡煤矿区曾是北京地区重要的采煤地之一，最多时拥有数百个矿场，采煤产业也一度是史家营乡的主要经济支柱。然而，由于开采缺乏规划，煤矿长时期的深层大面积采挖造成了严重的生态环境破坏，到20世纪80年代，史家营乡的农业基础、乡村景观和生态环境已经变得十分脆弱。生态环境保护刻不容缓。在国家的统一部署下，史家营乡的煤矿逐步关闭，原始地质环境得到充分保护。2006年

史家营无烟煤

9 月，在第二届世界地质公园大会上，“中国房山世界地质公园”正式获得联合国教科文组织批准并授牌。为全面展现房山几十亿年的地质演化史和几十万年的人类进化史，在园区内兴建了中国房山世界地质公园博物馆。

博物馆于 2009 年 3 月 29 日奠基，2010 年 5 月 15 日开馆。在开馆前的布展阶段，大家提议，博物馆里仅有产自房山的汉白玉和花岗岩还不够，曾经发挥过重要历史作用的“煤”必不可少。但是，当时史家营乡的煤矿都已经关闭，最后乡政府在煤矿旧址终于找到了这块无烟煤。这块见证过房山区史家营乡历史变迁的无烟煤在博物馆的展厅里找到了新的归宿。

“绿水青山就是金山银山。”2020 年，在自然资源部推出第二批生态产品价值实现的典型案例中，房山区史家营乡“曹家坊废弃矿山生态修复及价值实现案例”榜上有名，名噪一时的史家营乡以全新的面貌再一次出现在人们的视野中。10 年间，曹家坊矿区统一流转集体林地承包经营权，科学开展客土回填矿坑、边坡修复、鱼鳞坑围堰等矿区生态修复措施，种植了近 10 万株元宝枫、榆叶梅、金枝国槐等树种。

随着地下水位逐年增高，2015 年，多年断流的山泉恢复自流，空气质量优良天数也由 2010 年的 275 天增加到 2019 年的全年全部优良。自然生态系统的恢复使原来千疮百孔、满目疮痍的矿山区域逐步恢复了绿水青山；矿区内的生物多样性日益丰富，原来销声匿迹的野鸡、野猪、狍子等野生动物及各种鸟类也逐渐回到此处觅食、栖息。

矿区周边的村民原来大多以煤为生，从事与煤炭产业相关的工作，随着产业转型，村民们依靠生态旅游开展多种经营，特别是史家营乡大力发展交通运输、餐饮服务、农副产品销售等相关产业，形成了“生态＋产业”的发展模式；矿区文化、人文历史、自然风光成为该区域的“新资源”，实现了从黑色产业到绿色产业的转型，让废弃矿山带动“新经济”发展。每家每户在参与生态建设和生态保护的同时，共享生态文明带来的红利，成为生态产品价值增值的受益者。

说到这儿，再回过头来看看这块陈列在房山世界地质公园博物馆第一展厅的无烟煤。从燃料到博物馆展品，这不正是国家产业结构转型、生态文明建设的最好见证吗！未来，房山区史家营乡一定水更绿、山更青，天更蓝。春有百花山烂漫，五谷丰登家国安！

房山世界地质公园博物馆

房山世界地质公园博物馆位于房山区长沟镇，建筑面积1万平方米。博物馆于2010年5月15日开馆，建筑设计理念为“石破天惊”，整体建筑顺应自然地势、演绎造山运动、隐喻人类起源、应用地域材料，充分体现了“尊重自然机理、活用原生地形、造型自然舒展、内外空间一致”的特点。

95

中国电信发展的时代传奇

中国电信博物馆

在中国电信博物馆一层展厅中陈列着一台20世纪80年代从日本引进的程控交换机——富士通F-150，它堪称中国现代通信的开路先锋，见证了中国电信发展的时代传奇。

富士通F-150程控交换机

1978年12月18日，党的十一届三中全会召开，开启了改革开放和社会主义现代化建设的伟大征程。然而，改革开放之初，全国公众电话网容量只有435万门，电话用户214万户，电话普及率只有0.38%；全国大部分县级以下地区仍在使用人工接续的电话交换机，城市中即便有自动电话交换机，也是早期的步进制交换机和纵横制交换机，不少设备还是20世纪三四十年代的产品；中国被外商称为“几乎没有电话的国家”。在广东、福建等改革开放的前沿阵地，还爆发了通信基础设施和经济发展需求极度不匹配的矛盾。电话装不上、打不通、听不清、交费难的问题已经严重制约了社会经济发展。

令人窒息的通信瓶颈令改革开放的拓荒者心焦，成为一个全国性的难题。当时，世界上最先进的通信设备是程控电话交换机，由电脑程序控制，几秒钟就能完成原本人工操作需要十几分钟才能完成的交换程序，还能实现叫醒电话、呼叫转移、三方通话、呼叫等待等通信业务。

然而，那时我国才刚刚掌握纵横制技术，在程控技术方面的研究几乎是一张白纸。技术专家产生了意见分歧：到底是按部就班分三步走——纵横制、准电子、程控，还是分两步走——先上纵横制，再跨过准电子直接上程控。争来争去，大家意见始终不统一。终于，在福建第一批敢吃螃蟹的人出现了。时任福建省邮电管理局局长的郝峰云和领导班子成员研究决定，跳过纵横制和准电子，“一步到位上程控”，并立即向邮电部提出引进程控市话交换机的申请，同时向省政府争取资金支持。

1979 年 11 月，福建省政府批复“同意在福州引进国外先进市话通信设备”，“在福州先初装程控自动交换机 10000 门，列入地方建设项目”。获得批复后，福建省邮电管理局立刻展开了设备选型与技术谈判。邮电部对此事高度重视，指派了技术专家参与谈判。

1980 年 12 月，福建省邮电管理局与日本富士通株式会社签订了引进 F-150 程控交换机系统的合同，全部设备包括程控市话交换系统 10000 门、长途自动交换系统 500 线、脉码调制（PCM）60 个系统、一个计费中心，还有 2000 部电话机，总价为当时国际市场价格的一半，而且日方还答应为中方提供免费的人员培训。

1982 年 11 月，中国第一套万门程控电话交换系统在福州开通。一夜之间，福州的电话通信水平实现了历史性跨越，一下子从第二代的步进制跃升到第五代的全数字程控交换。很快，邮电部开始在全国推广福建经验，快速解放了电话通信的生产力，从无到有、从福建一个省到全国各省市自治区，建设起全球最大规模的程控交换网络。

1997 年 8 月，中国县级以上城市全部实现电话交换程控化，国家公用电信网电话交换机总容量突破 1 亿门，建成了世界第二大电话网。2002 年，中国电话用户总数超过 2 亿，电话网总体规模和用户数双双跃居世界第一。

2017 年年底，随着程控交换机的整体退网，中国电信进入全光高速新时代。回首往昔，中国电信通信业“三步并作一步走”，一步跨越 50 年，探索出一条高起点、跨越式的发展道路，创造了一个从无到有的时代传奇。

中国电信博物馆

中国电信博物馆是中国电信集团有限公司所属的国家级电信行业综合性博物馆，是全面展示中国电信行业发展历史的窗口，全国电信文物收藏、保管、展览和研究的专门机构，传播电信科技科普知识的文化场所，以及全国爱国主义教育基地、全国科普教育基地和企业文化教育基地。

中国电信博物馆坐落于北京市海淀区学院路 42 号，展馆面积近 3000 平方米，现有藏品 13000 余件。其中以“百年电信，红色传承——中国电信业发展史陈列”为主题的新展陈通过丰富的电信文物、图文史料、趣味通信科普和先进的多媒体互动体验，回顾红色电信在党的领导下从“半部电台”到“云监工”走过的百年历程，描绘中国电信业从艰难起步到发展、跨越、腾飞的历史画卷，展示中国电信担负建设网络强国和数字中国、维护网信安全的历史使命，以及在国家通信建设中取得的丰硕成果。

96

阳早寒春的新婚证书

阳早寒春爱国主义教育基地　杨瑞学　韩培原

阳早寒春爱国主义教育基地有一件珍贵的文物，它是一张结婚证书，这张结婚证书见证了两位美国友人在中国开启事业并情定终身的故事。

故事得先从阳早说起。阳早出生于美国，他自幼便喜爱养牛、做农活儿，大学就读于康奈尔大学农牧专业。在校期间，他的室友韩丁经常带着妹妹寒春去阳早家帮助干农活儿——养牛、挤奶。在韩丁的牵线下，阳早和寒春从素昧平生到相识、相恋。情窦初开，两人有说不完的话。寒春的姐姐韩珍经常会给韩丁、寒春兄妹和阳早讲述进步思想，他们在一起讨论世界大事，探讨改良社会结构等问题。《红星照耀中国》一书问世后，他们几人立刻被这本书深深吸引了。尤其是阳早，他下定决心，一定要到红色中国去看看！阳早把自己养的牛全都卖掉了筹集路费。1946 年春，阳早以畜牧专家的身份来到了中国。国民党政府腐败不堪，普通老百姓饥寒交迫，这给阳早的心灵带来了极大冲击。阳早毅然决

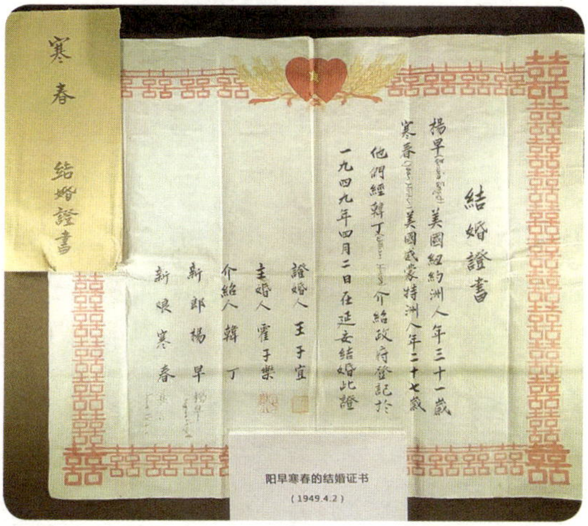

结婚证书

然前往延安，投身红色革命。

延安艰苦朴素的生活，浓郁的革命气息，人与人之间友爱互助、批评与自我批评都强烈地吸引着阳早。他决定在延安多留几年，用自己的知识为延安军民干点实事。

1947 年，胡宗南部 20 万大军进攻延安。阳早拒绝了组织上“外国专家先行撤离”的安排，决心与延安军民共进退。让人揪心的是，阳早要带着他一直悉心照料的 30 多头荷兰奶牛一起撤离。为躲避敌人的轰炸，白天他们躲在窑洞里，夜晚带着奶牛赶路。途中，阳早身患血痢，昏迷了一天一夜，可谓九死一生；为抢救落水的物资，他不顾个人安危潜到水底打捞。虽然最终丢失了 3 头牛和 1 头驴子，但阳早还是成功地把延安为数不多的奶牛保护下来。因此阳早也被同志们称为“经受了革命考验的人”。

阳早与寒春

说完阳早，咱们再谈谈寒春。1946 年，寒春送阳早离开美国时，她已是美国核物理学家之一。可是，寒春“科学的本意只为造福于人类”的梦想很快破灭了，留在美国的寒春逐渐心灰意冷。转战陕北后，阳早决心扎根延安，留在中国。他把自己所经历的一切和决定留在中国的想法写信告诉了寒春。正处在人生绝境的寒春看到阳早的来信，就像看到一盏指路明灯，这盏明灯吸引着她远渡重洋来到中国。

寒春来中国的旅程并不顺利。她乘坐的轮船在海上漂泊了 18 天才来到上海。在上海地下党的安排下，寒春辗转一年才来到延安。阔别 3 年之久，阳早和寒春终于在延安重逢了。同志们和老百姓都对这位久闻其名的阳早的恋人充满了好奇，有人还和阳早打趣道：“你的婆姨来啦！”

1949 年 4 月，在延安的窑洞里，同志们唱着《团结就是力量》，为阳早和寒春举行了一场简单又热闹的婚礼，林伯渠还向他们赠送了写有“爱情与真理的结合”的喜幛和一副“万里良缘，圣地花烛”的喜联。而同志们作的一首藏头诗不仅是对他们新婚的祝贺，更是阳早、寒春这两个名字的由来：“阳台好梦两情长，早有宁馨喜弄璋。寒食清明刚到了，春风先送合欢香。”

这张结婚证书，不仅是阳早和寒春爱情结合的纽带，更是爱情与真理结合的最好证明。

70 多年前，一批批像阳早、寒春这样的外国友人放弃了曾经拥有的舒适生活，来到异国他乡，无私地帮助中国人民，因为他们坚信这片土地有美好的未来。

阳早寒春故居

阳早寒春故居位于北京市昌平区沙河高教园区中国农机院北京农机试验站内，是昌平区爱国主义教育基地、中国工合国际授牌的国际主义教育基地、国机集团干部教育基地、中央财经大学思政课实训基地以及中国劳动关系学院干部实训基地。原机械工业部顾问，美国专家阳早、寒春在中国一直从事农机具改革和畜牧业技术革新工作。基地以阳早寒春故居为基础筹建，由故居、生平事迹展、纪念广场和缅怀广场等部分组成。

97

中国科学院与“两弹一星”纪念馆的前世今生

中国科学院与“两弹一星”纪念馆

“两弹一星”的战略意义想必大家都不陌生，中国依靠自己的力量掌握了核技术和空间技术，成为有国际影响力的大国。在北京就有一处以“两弹一星”为主题的纪念馆，它就是位于中国科学院大学雁栖湖校区的中国科学院与“两弹一星”纪念馆。纪念馆最重要的“藏品”就是纪念馆坐落的这片区域，包括房屋和土地。因为这里曾是钱学森主持建设的新中国第一个火箭试验基地——中国科学院怀柔火箭试验基地。

1958 年，中科院接受发展航天科技的重大任务，院党组迅速制订了中科院发展规划：新建一批研究机构，加速开办科技大学培养专业人才。大批人员从各行各业调进中科院。8 月，中科院力学所确定以“上天、入地、下海”为研究方向。为了实现“上天”的目标，中科院成立了第一设计院(1001 设计院)。与此同时，中科院制订了一个庞大的基本建设规划，准备在北郊大屯路至马甸范围内建设科学城，北京地区新建和扩建机构、中国科学技术大学、院部新办公大楼等都在科学城建设规划内。同时在远郊建设航天科技任务所需的试验基地，其中最紧迫需要建设的是“第一设计院试验基地”。最终，试验基地选址怀柔县（今怀柔区）思家峪，对外称“北京矿冶学校”。

怀柔试验基地先后承担了探索高能火箭推进剂和火箭发动机地面试验、液氢液氧发动机研制和超低空地对空导弹研制等任务，为“两弹一星”的研制，特别是火箭发动机研制，做出了开创性的贡献。

虽然怀柔试验基地早已“退休”，但这片区域并未退出历史舞台。作为“两弹一星”的发源地之一，传承“两弹一星”精神成为它新的历史使命。为弘扬“两弹一星”精神，铭记中国科学院为新中国“两弹一星”事业所做出的重要贡献，中国科学院决定将原怀柔火箭试验基地保持原貌，建成“两弹一星”早期科研成果展览馆，并定名为中国科学院与“两弹一星”纪念馆。

2015 年，纪念馆完成一期建设并面向社会免费开放。2019 年，中国科学院建院 70 周年之际，纪念馆完成二期建设。目前，纪念馆占地面积 160 亩，开放区域包含“两弹一星”事业展、“两弹一星”历史人物展和中国科学院早期学科历史展 3 个展厅，以及 3 处场景还原室、3 处机械展区、1 处功勋人物展区和 1 处空气中爆炸激波实验场遗址。

“国有疑难可问谁？强国一代有我在”，是中国科学院大学学子们在新时代对“两弹一星”精神的回应。中国科学院与“两弹一星”纪念馆将秉承基地新的使命，在弘扬“两弹一星”精神和弘扬老一辈科学家精神的道路上，继续前行。

中国科学院与“两弹一星”纪念馆（北京）

中国科学院与“两弹一星”纪念馆（北京）位于北京市怀柔区中国科学院大学雁栖湖校区山林内，在中科院怀柔火箭试验基地原址上改建，是钱学森主持建设的新中国第一个火箭研发实验基地。展区占地面积 160 亩，完整保留了文物级的冷气真空泵实验室，功勋铷原子钟、“东方红一号”人造地球卫星携带的无线电信标机等见证“两弹一星”研制任务的文物级藏品 2206 件（套）。2015 年起纪念馆对社会免费开放。纪念馆系统讲述了中科院参与“两弹一星”事业的伟大历程和重大贡献，生动阐释了老一辈科学家热爱祖国、无私奉献，自力更生、艰苦奋斗，大力协同、勇于登攀的“两弹一星”精神。

98

神秘的宣德炉，革命的潜伏者

故宫博物院　高希

北京故宫博物院收藏有宣德炉 500 余件，其中一件“蚰龙耳圈足炉”器型别致，来历不凡。它于 20 世纪 60 年代入藏故宫，捐赠者是我国早期马克思主义者冀朝鼎。

明宣德三年（1428 年）的一天，明宣宗朱瞻基接见了一批来自暹罗国（泰国的古称）的使臣，他们奉国王之命进贡来数万斤精炼铜料，铜色如金，称为“风磨铜”。宣宗皇帝大喜，下旨仿照夏、商、周三代青铜礼器及宋代五大名窑瓷器造型，铸造一批供祭祀和陈设用的铜器。这批风磨铜共铸成铜器 3365 件，其中多为香炉形器物，史称“宣德炉”。关于宣德炉的质地、款识及历史渊源，自古以来争论不断、莫衷一是，为其蒙上一层神秘色彩。

蚰龙耳圈足宣德炉

在众多宣德炉中有一件外形婉转圆润，炉耳弯曲似蚰龙，表面光泽莹润，覆盖着类似瓷釉的透明层，其间还散布着高低错落、大小不等、形状各异的金色亮片，稍稍转动炉体，亮片边缘就会改变形状，彼此的叠压关

蚰龙耳圈足宣德炉捐赠人冀朝鼎

系也随之变化。这件宣德炉于1966年入藏故宫，它的主人冀朝鼎有着一段传奇的经历。

冀朝鼎是山西汾阳人，早年考入清华学校学习，积极参加五四运动。他曾向李大钊求教，建立了对马克思主义的初步了解。1924年，冀朝鼎赴美留学。留学期间，他组织进步团体，声援国内革命。1927年，冀朝鼎作为留学生代表前往欧洲出席世界反帝反殖民主义大同盟会，其间，经与会的中共代表团同志介绍加入中国共产党。在美期间，冀朝鼎相继获得芝加哥大学法学博士和哥伦比亚大学经济学博士学位。此后，他应邀在美国各大高校讲学，跻身名流学者之列。

1941年，冀朝鼎申请回国。因常年旅居海外，冀朝鼎的中央党员身份从未公开，被组织安排在国民党政府工作。冀朝鼎以其渊博的学识和优秀的斗争艺术，很快得到国民党上层的赏识与信任，开始担任金融领域要职。冀朝鼎利用这层身份，为我党提供了许多重要经济情报，还为延安等敌后抗日根据地购买药品等奇缺物资。

抗日战争胜利后，蒋介石悍然发动内战。周恩来用化名写信给冀朝鼎："时局严重，国运益艰，尤需兄大展才能之时，深望能做更多贡献。"冀朝鼎遵照党的指示，继续在国民党中潜伏下来。解放战争后期，冀朝鼎的活动引起了国民党特务的注意。根据党组织的指示，冀朝鼎撤往北方。1948年，冀朝鼎回到北平，住进北池子大街的一所院落，恰在故宫城墙脚下。在这座院落里，傅作义成了他的座上宾，二人往来甚密，冀朝鼎争取到傅作义的信任并多次劝他和平解决北平问题。

新中国成立后，冀朝鼎在经济方面的专长得以充分发挥，他忘我地投身新中国建设事业，被誉为"中国最干练的经济学家"。1963年，冀朝鼎突发脑出血去世。他一生节俭，去世时还穿着有破洞的背心。但他不惜花费重金，大量购置流散文物，有意识地收集和保护国家珍贵的文化遗产。冀朝鼎去世后，他的夫人罗静宜遵照他生前遗愿，将475件珍贵文物悉数捐献给故宫。

冀朝鼎一生坚定马克思主义信仰，献身于中国人民的解放事业和社会主义建设事业，追求世界先进知识技术，致力于祖国文物的收集、保护。如今，这件被故宫妥善收藏的文房重器宣德炉，仍在默默讲述着冀朝鼎这位优秀共产党人的传奇故事。

99

飞天圆梦，揽月九霄

——“神舟一号”返回舱实物与“天宫二号”实验室模型

中国科学技术馆　王洪鹏

探索神秘的未知世界，遨游广袤无垠的太空，是中国人一直不懈追求的梦想。嫦娥奔月的故事是古老中国飞天传说中最具梦想色彩的一页，美妙绝伦的敦煌飞天壁画给我们留下许多美丽动人的“飞天”形象。中国科学技术馆的两件展品——“神舟一号”返回舱实物与“天宫二号”实验室模型见证了中国航天技术的发展。

“神舟一号”返回舱

“天宫二号”实验室模型

1970 年 4 月 24 日，我国第一颗人造地球卫星“东方红一号”发射成功，中国成为继苏、美、法、日之后第五个独立发射卫星的国家。

1999 年 11 月 20 日，“神舟一号”飞船发射成功，标志着我国基本掌握了载人航天技术。2003 年 10 月 15 日，“神舟五号”飞船搭载航天员杨利伟完成飞行任务，实现了中华民族的飞天梦。2016 年 10 月 19 日，航天员景海鹏、陈冬乘坐“神舟十一号”飞船成功对接“天宫二号”，并进行一个月的太空生活。我国正在迎来从航天大国向航天强国的跨越式发展。

中国科技馆四层 B 厅太空探索展区展出的展品就是我国航天事业发展的见证，其中包括曾经遨游太空、圆满完成使命的“神舟一号”返回舱。你看，返回舱外壳上的高温烧灼痕迹清晰可见，仿佛可以感受到它从外太空返回地球的过程中经受的高温与烈火的考验。

“神舟一号”返回舱对面的展品就是“天宫二号”实验室，这件展品是按照图纸脱密打造的 1∶1 高仿真“天宫二号”实验室，它也被称为我国第一个空间实验室。观众可以看到航天员在太空中睡觉时用的睡袋，动手操作各种高精尖“设备”，进行手动交会对接，体验航天员的太空之旅。说到这儿，你一定迫不及待地想要一窥究竟了吧？“天宫二号”空间实验室采用资源舱、实验舱两舱构型，全长 10.4 米，最大直径 3.35 米，太阳翼展宽 18.4 米，重 8.6 吨，设计在轨寿命两年。资源舱是一个非封闭结构，主要功能是为“天宫二号”在太空飞行提供能源和动力；实验舱是一个密封舱，主要功能是为航天员在太空生活提供洁净、温度和湿度适宜的载人环境和活动空间，航天员可以在这里进行一系列的重要实验。想要翱翔太空，还需要解决吃饭的问题。为了解决以后“扎根”太空的吃饭问题，在“天宫二号”实验室中开展了拟南芥和水稻的培养实验，探索在太空环境中如何控制植物开花结果的技术与方法，以获得长期太空生存所必需的食物和氧气。

在浩瀚的宇宙面前，我们无疑是渺小的，但中国人探索未知世界的精神力量是强大的。“江山代有才人出”，中国人民会一直奋斗在通往星辰大海的征途上。

100

中华民族一家亲，同心共筑中国梦

民族文化宫博物馆　徐畅冬

民族文化宫博物馆收藏有一件名为“中华民族一家亲，同心共筑中国梦”的大型银雕屏风。

屏风，有挡风、遮蔽和装饰的功能，它的出现历史较早，早在3000年前的周朝就有了。收藏在民族文化宫博物馆的这件屏风长6.6米、高3.3米、厚0.74米，总重约3吨；插屏由纯银制成，外框和基座则用红木制成；它集传承千年的多种雕刻技法于一身，是非遗新作中当之无愧的佳作。该屏风于2017年8月制作完成，9月在北京展览馆举办的“砥砺奋进

银雕屏风

的五年”大型成就展上展出，备受观众的青睐。2019年9月在“伟大历程，辉煌成就——庆祝中华人民共和国成立70周年大型成就展”上引来万人瞩目。

屏风以秀美山川和人文景观为背景，塑造了56个民族的形象，每个民族以一男一女为代表，共112个人物。人物背后是威严庄重的天安门，巍峨耸立的珠峰昆仑山，云蒸霞蔚的三山五岳，绵延起伏的万里长城，奔流不息的长江黄河，碧波浩荡的辽阔海洋，西藏布达拉宫和大理三塔以及香港太平山、澳门大三巴牌坊和台湾阿里山等景观，还有113只穿行于祥云中的和平鸽、99朵盛开的牡丹，好一幅山河秀美、各族人民团结一心的壮美画卷！雕银技艺就是国家级非物质文化遗产银饰锻制技艺，屏风的制造者——云南省大理白族自治州鹤庆县新华村白族工艺美术大师寸发标是这项技艺的代表性传承人之一，他制作这幅银雕屏风共花费了4年2个月零12天的时间。

大型银雕屏风主题鲜明、构图饱满、内容丰富、寓意深刻、用料考究，它以民族团结为主题展示了各民族人民的精神风貌和祖国的壮美河山，是一件集中展示民间高超传统技艺的作品，其中所蕴含的家国情怀不仅体现在画面中，更体现在制作屏风的每次落锤中，每道制作工序都蕴含着对民族技艺的传承。

各民族工匠同心协力打造了这件精美绝伦的非遗珍品。“中华民族一家亲、同心共筑中国梦”，也正是新时代民族团结进步事业的生动写照。

民族文化宫博物馆

民族文化宫博物馆于1959年10月建成开放。博物馆现藏我国各民族文物近5万件（套），图片资料6万余幅，图书文献资料2000余册。建馆60多年来，民族文化宫博物馆以征集、收藏、保护我国各民族文物，弘扬各民族优秀传统文化，宣传党和国家的民族政策，展示民族工作成就为己任，为促进各民族间交往、交流、交融，构筑中华民族共有精神家园做出了积极贡献。

后记

POSTFACE

如果文物会说话，它们将述说怎样的故事?

2021 年是中国共产党成立 100 周年。在这一年中，北京地区 62 家博物馆、纪念馆、美术馆、科技馆等，历时 278 天，用 100 件文物讲述了 100 个直击人心的故事，它是北京文博人向建党百年奉献的一份厚礼。

数字与成绩的背后，是众多同仁的辛勤付出——北京市文物局强大的号召力是《藏品有话说》策划、落地、收获的坚实后盾；北京博物馆学会社教专委会在节目制作期间的协调统筹是《藏品有话说》得以顺利推出的基础；北京故宫博物院的同仁在《藏品有话说》节目实施过程中扮演了非常重要的角色，项目策划、落地、实施、宣传推广，他们积极参与到各个环节中，为节目的顺利播出付出了许多努力；新华网客户端为《藏品有话说》提供了权威的媒介播出平台，也在技术和宣传发行方面提供了重要的支持与帮助，得益于其平台流量以及工作团队的后期宣传发行工作，节目才能获得如此高的关注度；《藏品有话说》节目更是凝聚了北京市 62 家博物馆、纪念馆、美术馆、科技馆同仁们的心血：观察文物、挖掘故事，资料搜集、撰写成文，文稿审读、内容调整，节目录制、力求精准……整个过程多方参与，协同共进，群策群力，通力合作。是所有文博人的共同努力最终促成了集专业性、趣味性和科普性于一身的《藏品有话说》节目的诞生。

而《藏品有话说》成功的最后一块、也是最重要的一块拼图来自社会公众，他们的踊跃反馈、热烈讨论与积极评价不仅使文博人备受鼓舞，同时也让许多过去不为人知的藏品价值被重新发现和认知，让更多人因此了解博物馆、认识博物馆。

更重要的是，润物细无声。传递文物声音，感谢有你。